국사 수업이 싫어요

일러두기

• 외국의 인명과 지명 등은 원칙적으로 외래어 표기법을 따랐으나, 중국의 경우 한자로 표기할 때 의미가 더 명확하게 통하는 경우가 많아 한자음 그대로 표기했다.

• 전집이나 단행본, 정기간행물은 『 』, 논문 등은 「 」로 표기했다.

국사 수업이 싫어요

황순종 지음

만권당

필자가 국사를 처음 배운 것은 초등학교 5학년 때로, 지금으로부터 60여 년 전인 1960년대 초였다. 그때 배운 내용 중 지금 기억에 남아 있는 것은 단 한 가지밖에 없다. 그것은 바로 한반도를 그린 백지도의 북한 지역에 낙랑, 현토, 진번, 임둔의 네 군, 즉 한사군을 정확하게 그려 넣는 일이었다. 물론 그 군들의 이름은 중학교 이후 다시 배우면서 기억하게 된 것이겠지만, 중국의 한나라에서 우리나라를 지배하기 위해 두었다는 한사군의 이름과 위치를 초등학교 때부터 국사의 가장 중요한 내용으로 배워야 했던 것이 당시의 참담한 현실이었다.

그 후 필자는 2천 년대 초에 우리 고대사를 스스로 공부하고 연구하게 되었는데, 10년 만에 처음 낸 책이 『동북아 대륙에서 펼쳐진 우리 고대사』(2012)로 우리 역사의 위대하고 찬란한 참 모습을 찾아본 것이었다. 그러나 연구를 하면 할수록 우리 역사가 식민사학에 찌들어 만신창이가 되어 있다는 것을 알 수 있었고, 동시에 학계의 반민족적이고 매국적인 행태에 극심한 분노를 느낄 수밖에 없었다.

그래서 이후 식민사학이 하루라도 빨리 척결될 수 있도록 식민사학을 비판하는 데 치중하게 되었다. 그 결과로 두 번째 책인『식민사관의 감춰진 맨얼굴』(2014)을 비롯해 수 년 동안 몇 권의 책을 냈지만 아무런 성과가 없었다. 그 가장 큰 이유는 국민들이 역사, 특히 고대사 분야에 대한 관심도가 너무 낮아 50~60대 이후 극소수를 제외하고는 책을 보지 않아 책이 도무지 팔리지 않았기 때문이었다.

어떻게 하면 사람들이 많이 읽을 수 있는 쉬운 책을 만들 수 있을까 고민하던 필자는 학생들을 대상으로 하는 책을 쓰기로 결심했다. 하지만 주변에서는 요즘 학생들은 시간이 없어 책을 읽지도 못할 뿐 아니라 설령 시간이 있더라도 게임이나 다른 취미 활동을 하지 누가 책을 읽느냐는 부정적인 반응이 대부분이었다.

그러나 필자에게는 식민사학을 반드시 몰아내겠다는 굳은 신념이 있었고, 우리 학생들에 대한 믿음과 기대 또한 매우 컸다. 3·1혁명, 4·19혁명, 근래의 촛불 혁명 등에서 보여준 사회 정의와 민주화를 향한 열망과 참여 정신을 믿기 때문이다. 또한 이 책이 학생들은 물론이고 그들의 부모들에게도 우리의 참 역사를 알려주는 소중한 기회가 될 것이라 기대한다.

　이야기를 풀어가면서 필자의 소견을 뒷받침하기 위해 어쩔 수 없이 역사학자의 이름과 역사서의 제목들을 언급함으로써 다소 딱딱하고 어려운 느낌을 주었을 수도 있으나, 이는 확실한 근거를 제시하려는 것일 뿐이니 부담 없이 읽어주었으면 하는 바람이다.

　어려운 여건에서도 이 책을 흔쾌히 출판해주신 만권당 출판사와 재단법인 마음동행에 깊은 감사의 뜻을 전한다.

차례

제1장

어머니와 아들

영수: 어머니, 기말시험 성적 나왔어요.

어머니: 그래, 어디 보자. 성적이 아주 좋구나. 그런데 다른 과목은 다 잘했는데 국사 점수는 왜 이렇게 안 나왔니? 무슨 특별한 이유라도 있는 거니?

영수: 그게…… 국사 수업 시간에는 집중이 잘 안 돼요. 국사 수업이 싫어요.

어머니: 너처럼 차분한 애가 집중이 안 되고 싫어하는 과목이 있다니 이해가 잘 안 되는구나.

영수: 우리 역사가 자랑스러운 것은 별로 없고 수치스러운 것이 대부분이라 흥미가 나지 않아요.

어머니: 그래? 그것도 일리 있는 이야기이긴 하지. 그런데 이렇게 생각해보면 어떨까? 우리나라는 일제의 식민 지

배에서 1945년 해방된 이후 세계에서 가장 못사는 나라였어. 하지만 70여 년이 지난 지금은 선진국으로 발전해 매우 잘사는 나라가 되지 않았니? 옛날의 부끄러웠던 역사라고 모른 체하기보다는 오히려 제대로 알고 더 나은 길로 가는 밑거름으로 삼아야 하지 않을까?

영수: 무슨 말씀인지는 잘 알겠지만, 솔직히 구질구질한 역사는 지겨워요.

어머니: 영수야, 우리 역사는 그렇게 구질구질한 것이 아니란다. 우리 역사는 그와 반대로 너무나도 자랑스럽고 찬란하지. 안타깝게도 지금 학교에서는 매우 잘못된 역사를 가르치고 있지만 말이야.

영수: 학교에서 잘못된 역사를 가르치다니요? 믿을 수 없어요.

어머니: 나도 처음에는 믿을 수 없었단다. 하지만 내가 일하고 있는 연구소에서 우리 역사에 관한 책도 보고 소장님이나 다른 훌륭한 분들에게 올바른 우리 역사 이야기를

많이 들으면서 진실을 알게 되었단다.

영수: 그럼 왜 진작 그런 이야기를 안 해주시고 이제야 말씀하시는 거예요?

어머니: 그게…… 네가 좀 더 커서 이해할 수 있을 때를 기다렸다고 해야 하나? 이제 와 생각하니 좀 더 일찍 말해 줄 걸 하는 아쉬움이 크구나. 아무튼 이제라도 늦지 않았으니 잘못된 국사 수업과 올바른 우리 역사에 대해 제대로 알아보기로 하자. 어때, 그렇게 해보겠니?

영수: 물론이죠. 꼭 배워보고 싶어요.

어머니: 나는 네게 상세한 내용을 말해줄 만큼 잘 알지는 못하니까 우선 연구소의 황순종 소장님을 찾아뵙고 대략적인 설명을 들어보는 것이 좋겠구나. 네가 내일이라도 시간이 되면 내가 소장님께 이야기해둘게.

영수: 저 혼자 가는 건 좀 쑥스러우니까 친구 준호랑 같이 갈게요.

제2장

연구소 방문

영수: 안녕하세요, 소장님. 저는 박영수이고 고등학교 1학년 학생입니다. 어머니께서 소개해주셔서 이렇게 찾아뵈었습니다. 그리고 혼자 오기 쑥스러워서 친구와 같이 왔습니다. 준호야, 너도 인사드려.

준호: 저는 양준호라고 합니다. 저는 평소 역사에 관심이 있었는데, 영수 덕분에 소장님을 뵙게 되어 영광입니다.

황 소장: 학생들이 이렇게 우리 역사에 관심을 가지고 있다니 무척 반갑군. 내가 무슨 이야기를 어디까지 해줘야 할지 모르겠지만, 일단 오늘은 학교에서 여러분이 배우는 우리 역사가 어떻게 잘못되었는지 가능한 한 알기 쉽게 설명해보도록 하지.

영수: 먼저 제가 한 말씀 드려도 될까요? 어머니께서 우리가 학교에서 잘못된 역사를 배우고 있다고 말씀하시는 것을 듣고 너무나 놀랐습니다. 그런 일은 상상도 못 했고,

사실 지금도 믿어지지 않아요. 그것이 정말 사실인가요?

황 소장: 물론 믿기 어려웠을 거야. 학교에서 거짓을 가르친다고 누가 생각할 수 있겠나? 하지만 이것이 우리의 서글픈 현실이지. 그렇게 된 이유를 한마디로 설명하자면, 해방 후 이병도라는 역사학자가 우리 학계를 장악하고 그릇된 역사를 진짜 우리 역사인 것처럼 만들어버렸기 때문이라고 할 수 있지. 이 사람은 일제강점기에 일본인의 앞잡이 노릇을 하던 사람인데, 그가 일본인 식민사학자들이 조작한 우리 역사를 그대로 진실인 것처럼 가르치게 하고 온 국민에게 널리 퍼뜨리게 했거든.

영수: 이병도라는 한 사람이 그렇게 엄청난 일을 저지를 수 있나요? 만약 그렇다 하더라도 그 사람도 한국 사람일 텐데 왜 그런 나쁜 짓을 했는지 이해하기 어렵네요.

황 소장: 그런 의문이 드는 것을 보니 영수는 매우 똑똑한 학생이군. 간략히 설명하자면 이렇게 말할 수 있지. 일제강점기의 조선총독부에서는 우리 민족의 얼을 말살하는 것에 가장 중점을 두고 우리의 찬란한 역사를 보잘것없는 역

일제강점기 때 세운 이병도 부친의 비문. '봉병도수사관(奉丙燾修史官)'이라고 이병도가 조선사편수회 수사관으로 봉함받은 것을 자랑스레 써놓았다.

사로 조작해 깎아내렸지. 조선인이 긍지를 가질 수 없는 미천한 역사를 이어왔기 때문에 일본이 자연스럽게 지배하게 된 것이라고 해야 일본의 식민 지배를 정당화할 수 있다고 생각한 거지. 그래서 조선총독부 직속으로 '조선사편수회'라는 것을 만들어 본격적으로 우리 역사를 말살했는데, 조선사편수회에서 보조로 두어 꼭두각시처럼 부린 조선인 학자들 중 대표적인 인물이 이병도였지.

　이병도는 나라를 팔아먹은 매국노 이완용의 먼 일가인데, 이완용은 나라를 팔아먹은 대가로 일본에서 준 작위와 거금의 은사금으로 부귀와 영화를 누렸고, 이병도는 도쿄의 와세다 대학이라는 곳에 유학해 역사학자가 되고 일본 식민사학자들이 조작한 우리 역사만 배워 그들의 앞잡이 노릇을 했지. 해방 후에라도 과거를 진심으로 반성하고 올바른 우리 역사를 연구할 수도 있었을 텐데, 그는 그런 양심적인 길을 택하지 않고 일본인의 앞잡이 노릇을 계속한 거지. 그는 한국인이지만 마음속으로는 위대한 일본의 철저한 신민이 되기로 작정하고 헛된 명예를 추구한 거야. 그리고 서울대학교의 국사학과장이 되어 국사학계의 우두머리로 행세하며 우리 역사를 비참한 것으로 가르쳐 모든 국민을 속여왔지.

영수: 지금 말씀하신 것처럼 우리 역사가 너무 비참하게 느껴져 저는 국사 과목에 흥미를 느끼지 못했어요.

준호: 저도 국사 수업에 전혀 흥미가 없었지만, 시험에서 좋은 성적을 받아야 하니까 그저 기계적으로 배운 것을 외우기만 하고 있습니다.

황 소장: 학생들의 말을 들으니 참으로 안타깝고 미안한

단재 신채호   위당 정인보

마음이 드는군. 그런데 우리나라에 이병도 같은 식민사관에 철저한 사람들만 있었던 것은 아니야. 일본 제국주의의 역사 말살에 저항하는 이른바 민족사학자들도 다수 있었지. 그들은 올바른 역사관에 입각해 국민들을 계몽하는 훌륭한 일을 하며 한편으로 완강한 독립 투쟁을 벌였지. 대표적인 역사학자로 신채호 선생, 정인보 선생 같은 분이 계신데, 신채호 선생은 독립 투쟁을 하다 잡혀 감옥에서 돌아가셨고, 정인보 선생은 해방 후 6·25전쟁 중에 아쉽게도 납북되어 민족사학의 맥이 끊어져버렸지. 이분들에 대해서 들어본 적이 있나?

준호: 저는 근현대의 위인들에 대해 비교적 관심이 많은 편이라 두 선생님들에 대해 대충은 알고 있습니다.

영수: 저는 역사에 흥미를 잃어 근현대의 위인들에 대해서도 잘 모르고 있어 부끄럽습니다. 물론 매스컴을 통해 접해본 적이 있어 그분들의 성함 정도는 압니다.

황 소장: 단재 신채호 선생은 우리나라 최초의 근대적 역사학자라고 할 수 있는데, 참으로 학식이 높은 분이셨지. 조선총독부에서 『조선사』라는 엉터리 역사서를 만들자 신채호 선생은 이렇게 신랄하게 비판하셨어.

"중국은 병적일 정도의 자존심이 있고, 근일 일본은 그 악랄한 정치적 야욕으로 인해 고의적으로 조선을 모멸하고 색안경을 끼고 보고 있으니, 저들의 『조선사』는 십중팔구 거짓이다."

조선인이 쓰는 것이 당연한 조선사를 외국인이 썼으니 거짓 역사일 수밖에 없다는 지적이었지.

영수: 일본인이 『조선사』를 엉터리로 썼다는 말은 처음 듣는데, 당시 한국을 지배하고 있던 일본이 그렇게 했다면

특별한 의도가 분명히 있었을 거라는 생각이 드네요.

황 소장: 그렇지. 그들의 의도는 저열한 노예적 역사를 가진 한국인은 선진 일본과 하나로 동화되어야 발전할 수 있다는 생각을 한국인의 머릿속 깊이 심어주려는 것이었지. 그리고 그들의 야비한 의도는 일제강점기뿐만 아니라 지금까지도 한국 사회를 지배하는 무서운 위력을 발휘하고 있는 셈이지.

영수: 소장님, 그런데 한 가지 궁금한 점이 있어요. 학교에서 국사를 가르치는 선생님들은 이런 내용을 잘 모르고 있나요? 선생님들은 공부도 많이 하시고 다양한 책을 읽으실 텐데, 민족사학자인 신채호 선생님의 책 정도는 읽어보고 그 내용도 알고 있지 않나요?

황 소장: 참으로 예리한 질문이군. 나도 사실은 그 점이 매우 궁금하단다. 학교 선생님들에게 그걸 물어볼 기회가 없어 나도 정확하게 알 수는 없지만, 아마도 상당수의 학구적인 선생님들이 그런 책을 봤을 거라고 생각해. 그러나 설사 그렇다고 해도 그런 내용을 학교에서 가르친다면 더 이

상 수업을 하지 못할 수도 있다는 것을 알기 때문에 알면서도 참 역사를 말할 수 없는 거겠지.

그리고 조금 전에 민족사학의 맥이 끊어졌다고 말했지만, 사실은 많은 뜻있는 사람들이 올바른 역사를 밝히기 위해 나름대로 노력해왔어. 대학교 안에서는 이병도 이후 거의 모든 국사학자라는 자들이 식민사학을 가르치고 있지만, 최재석, 윤내현 교수 같은 몇몇 분들이 진짜 우리 역사를 밝히는 훌륭한 연구를 하셨지. 오늘 갑자기 역사학자들의 이름을 많이 듣게 되는데, 이분들의 존함 정도는 기억해두는 것이 좋아.

한편 학계에 진출할 여건이 못 되는 많은 분들이 재야에서 민족사학자의 길을 걷고 계시지. 나도 그들 중 한 명으로 6~7권의 대중 역사서를 썼는데, 대학에서 식민사학만 용납하는 풍토 때문에 20년 이상 재야의 길을 걷고 있지. 최근에 이런 민족사학자들이 식민사학을 비판하는 많은 책을 내고 있는데, 학교 선생님들 중에는 이런 책을 본 분들도 있을 거야. 그러나 아까 말했듯이 그 선생님들도 학교에서 교과서와는 다른 민족사학의 견해를 입 밖에 내기가 쉽지 않지. 만약 그렇게 한다면 선생 노릇을 계속할 수가 없을 테니 말이야.

준호: 학생들을 올바로 가르쳐야 할 선생님들이 그렇게 하지 못하고 있다는 말씀이네요. 학생들에게 거짓 역사를 가르치고 있다니…… 쉽게 믿어지지도 않고 너무 가슴이 답답합니다.

영수: 앞으로 국사 시간에 어떻게 해야 할지 모르겠습니다. 선생님을 예전처럼 존경할 수도 없을 것 같고…… 너무 혼란스럽네요.

황 소장: 재야의 민족사학자들이 식민사학자들을 열심히 비판하고 싸우고 있지만 아직 너무나 힘이 약해서 너희에게 면목이 없구나. 하루빨리 바로잡아야 하는 문제인데 말이야. 지금까지 우리의 역사학계는 자기들의 이익을 위해서는 수단과 방법을 가리지 않는 마피아와 다를 것이 없는 방법으로 자신들의 철옹성을 지켜내고 있는 셈이지.

영수: 그런데 민주주의 국가인 우리나라에서 어떻게 그런 폐쇄적이고 억압적인 방법이 가능했는지 의문입니다.

황 소장: 적절한 의문이야. 우리나라에는 학문의 자유와

언론·출판의 자유가 모두 보장되어 있어. 하지만 현실에서는 그렇지 못한 분야도 더러 있는데, 그 대표적인 예가 역사학계인 셈이지. 학계에서 절대다수의 횡포로 교묘하게 민족사학자들의 학계 진출을 봉쇄하고 토론의 기회를 절대 허용하지 않거든.

그리고 사실 그보다 더 큰 문제는 언론에 있는데, 언론이 민주 사회가 기대하는 공정한 역할을 다했다면 이 문제는 진작 해결되었을 거야. 조선일보, 동아일보, 중앙일보, 한겨레신문, 경향신문 등 우리나라의 대표적 언론은 공정한 보도를 외면하고 일방적으로 식민사학계만 옹호해왔지. 그러면서 민족사학계의 견해에 대해서는 전혀 알리지 않았기 때문에 국민들이 알 기회를 갖지 못하고 올바른 판단을 할 수 없게 되어버렸지.

준호: 학계의 횡포도 놀랍지만 우리나라를 대표하는 신문들이 공정한 보도를 하지 않고 편파적이라니, 믿는 도끼에 발등 찍힌 꼴이네요. 어떻게 그런 일이 가능하죠? 그리고 왜 언론이 그런 편파적인 보도를 할까요?

황 소장: 한마디로 정리하면, 주요 언론들이 학계와 같

은 이해관계로 연합전선인 카르텔을 형성하고 있기 때문이지. 언론이 잘못된 학계를 비판하기는커녕 비호하는 것은 그 뿌리가 같은 데 있다고 봐야 하는데, 그 근본 원인은 해방 후 친일 반민족 행위자들을 청산하지 않았기 때문이라 할 수 있지. 이승만 초대 정권에서 각 분야의 친일 반민족 행위자들을 정리하지 않고, 일제강점기에 기득권을 누린 그들이 계속 이 나라에서 힘을 갖도록 허용한 것이지. 지금 학계나 언론 모두 그 뿌리가 친일 반민족 세력이면서도 겉으로는 민족의 이익을 위하고 민족을 대변하는 것처럼 온 국민을 속이고 있는 거지. 내가 이런 말을 한 것이 알려지면 언론에서 나를 가만두지 않겠지만, 나는 평생 권력이든 언론이든 정당하지 않은 세력에 대해서는 정면으로 대항하는 길을 택했지.

영수: 소장님의 설명을 들으니 잘 이해가 되는군요. 우리 사회의 가장 근본적인 문제를 지적하시니 매우 공감이 됩니다.

준호: 명쾌하게 설명해주셔서 감사합니다. 친일 문제가 이렇게 뿌리가 깊고 심각하리라고는 지금까지 상상도 못

했습니다.

황 소장: 이제 다시 이병도로 돌아와 그의 식민사관이 틀린 이유를 쉽게 두 가지만 이야기해줄게. 첫째, 그는 죽기 3년 전인 1986년에 양심 고백을 하고 조선일보에 한 면 전체를 차지하는 기고문을 실었지. 개천절 특집으로 국조 단군께서 실존한 인물임을 밝힌 내용이었지. 이병도는 평생 동안 단군이 실제 역사가 아니라 사람들이 지어낸 설화라고 주장하며 고조선의 역사를 말살하는 데 모든 노력을 기울였는데, 그런 자기의 주장을 스스로 부정했으니 참으로 대단한 사건이었어.

그러나 그의 제자들은 학자로서의 생명에 치명상을 입을까 두려워 일치단결해 스승인 이병도가 노망이 들었다고 몰아붙였고, 결국 이병도의 참회도 역사를 바로잡는 데 아무런 도움이 되지 못했지. 그의 수제자인 이기백, 김철준 같은 사람은 단군이 신화라고 하여 이병도보다 더 앞서간 자들인데, 자기들의 기득권을 잃을까 봐 스승까지도 매도해버린 것이지.

영수: 너무나 안타까운 일이네요. 역사는 왜 이처럼 정의

의 편이 되지 못하고 불의와 악의 편이 되는 경우가 많은지 이해하기 어려워요.

준호: 이병도가 이왕 참회를 했으면 제자들이 더 이상 식민사학을 계속할 수 없도록 좀 더 자신의 주장을 내세웠으면 좋았을 텐데 하는 생각이 드네요.

황 소장: 그 부분이 너무나 아쉽지만, 아직 때가 오지 않은 것이라고 생각해야지. 역사에서 얻는 교훈은 악이 언젠가 무너지기는 하지만 생각보다는 시간이 많이 걸리는 경우가 많다는 것이지. 나는 이제 머지않아 식민사학이 종말을 맞을 거라고 생각해.

영수: 그렇게 말씀하시니 무척 기대가 큽니다.

준호: 저도 마찬가지입니다. 학교에서 올바른 역사를 배우는 날이 하루빨리 왔으면 좋겠네요.

황 소장: 나도 그런 날이 하루빨리 오도록 앞으로 더욱 열심히 식민사학자들과 싸울 생각이네. 이제 식민사학이 틀

린 두 번째 이유를 말해줄게. 학계에서는 그동안 자기들끼리만 학회지나 잡지에 글을 싣고, 재야의 민족사학자들에게는 벽을 굳게 쌓아놓고 그 안에 들어올 수 없게 봉쇄해왔지. 그리고 학문의 세계에서 가장 기본인 토론과 비판도 민족사학자들은 참여하지 못하게 했지. 그러니까 그들의 학문은 마치 종교의 교리처럼 신성시되어 비판을 허용하지 않아온 거야. 학문의 세계에서는 있을 수 없는 참으로 낯 두꺼운 행태지.

예를 하나 들어볼게. 아까 언급한 최재석 교수님은 고대의 한일 관계에 관해 독보적인 연구를 하신 분인데, 그분이 논문을 자신이 재직 중이던 고려대학교의 교지에 연재해달라고 요청했는데 당시 교지 편집을 맡고 있던 후배 교수인 김현구라는 식민사학자가 이유도 없이 글을 실어주지 않았지. 최재석 교수는 평소에 그 후배 교수를 통렬히 비판하고 매국노 이완용에 비유할 정도였지. 그러다 보니 김현구도 존경해야 할 대선배를 학문적 입장에서 대우하지 않고 무시한 것인데, 이건 학문의 세계에서는 있어서는 안 되는 일이지.

영수: 김현구 교수인가 하는 그 사람에 대해 저도 어머니

에게 얼핏 들은 것 같아요. 혹시 그 사람이 한가람역사문화연구소의 이덕일 소장님을 상대로 재판을 청구한 사람인가요?

황 소장: 그래 맞아. 말 나온 김에 그 이야기를 잠깐 해야겠군. 이덕일 소장이 『우리 안의 식민사관』이라는 책에서 김현구를 식민사학자라고 비판했는데, 어이없게도 이 사람이 자기의 명예를 훼손했다고 이덕일 소장을 고소한 거야. 그리고 1심 재판에서 이 소장에게 징역 6월에 집행유예 2년의 유죄가 선고되었지. 사건을 기소한 검사나 유죄를 선고한 판사 모두 김현구의 일방적인 주장만 듣고 비양심적인 판결을 내린 것이었지. 그리고 그 결과를 언론이 크게 보도해 이 사회에 정의가 살아 있는지 의심할 지경이었어.

그러나 사필귀정이라는 말이 있듯이 항소심에서 1심 판결이 뒤집혀 무죄가 확정되었지. 언론에서 대대적으로 보도해야 마땅한 대단한 역사적 사건이었어. 하지만 1심 결과를 대서특필했던 조선일보는 물론이고 진보적 언론이라 하는 경향신문이나 한겨레신문에서도 이 일에 대해 단 한 줄도 보도하지 않고 침묵을 지켰으니, 앞서 내가 이야기한 친일적이고 편파적인 언론의 실체가 다시 한 번 적나라하게 드러난 것이지.

준호: 같은 사건인데도 상황에 따라 보도하기도 하고 보도하지 않기도 한다니 참으로 한심하군요. 국민들에게 진실을 감추고 사기를 치는 것과 무엇이 다른가요?

영수: 우리 사회에서 권력을 가진 검찰이나 법원은 물론 언론까지 국민들이 믿을 수 없다는 사실이 너무 놀랍습니다. 그러나 재판이 최종적으로는 공정하게 마무리된 것을 보면 신뢰할 수 있는 분들도 있어 정의가 완전히 죽지는 않았다는 사실에 다소 위로가 됩니다.

황 소장: 대한민국이 건국된 이래 제대로 된 정권이 드물었던 것이 우리의 현실이었지. 진정한 민주화를 목표로 내건 일부 정권들도 우리 사회의 뿌리 깊은 기득권자들의 거대한 힘 때문에 특히 권력기관들에 대한 개혁을 제대로 할 수 없었고, 역사 문제를 바로잡는 일 역시 쉬운 일은 아니었단다.

영수: 이 문제를 해결할 수 있는 좋은 방법이 없을까요?

황 소장: 많은 국민이 역사 문제가 잘못되어 있다는 공감대를 형성한다면 해결이 가능하겠지. 그런데 학생이나 젊은 사람들은 역사 문제에 관심이 거의 없고 나이가 들면서 역사와 자신의 뿌리에 대해 관심이 깊어지다 보니 관심이 매우 높은 계층은 거의 50대 이후의 나이 많은 사람들뿐이지. 그렇기 때문에 식민사학을 비판하는 많은 책이 나왔는데도 독자층이 너무나 엷어 사회적인 변화를 이끌어낼 수 있는 수준에는 미치지 못했지.

그런 면에서 오늘 두 학생이 찾아와준 것은 매우 고무적인 일이야. 앞으로 자네들처럼 역사에 관심을 갖는 학생들이 많아져야겠지. 예전에도 나를 만나러 온 학생들이 종종 있었지만, 나는 그들에게 현실적인 문제에 대해 가능한 한 부담을 주지 않고 어른들이 문제를 해결해야 한다는 생각에 최소한의 진실만을 이야기해줬지. 그런데 오늘은 이야기를 하다 보니 근본적인 문제점과 그 이유를 상당히 설명하게 되었군. 오늘 두 학생의 방문을 계기로 앞으로는 옳지 않은 현실 문제에 대해 가능한 한 많은 학생들에게 알려주어야겠다는 생각이 드는군.

준호: 학생이라면 물론 학업에 충실해야겠지만, 지금의

국사 수업처럼 반민족적인 교육을 무턱대고 따라만 갈 수는 없다는 생각이 듭니다. 현실 문제에 대해 저희가 적극적인 행동을 할 수는 없지만, 그렇다고 국사 수업 시간에 선생님의 말씀을 그대로 받아들일 수만은 없지 않겠습니까?

영수: 저도 준호와 같은 생각인데, 앞으로 국사 수업 시간이 더욱 괴로워질 것 같습니다. 그리고 이 문제를 해결하는 데 작은 힘이라도 보탤 수 있다면 기꺼이 소장님이나 민족사학자들 편에 서겠다는 결심을 했습니다.

황 소장: 듣던 중 정말 반가운 말이군. 하지만 당장 현실 문제에 뛰어드는 것은 바람직하지 않다고 생각하네. 그보다는 우리 역사가 무엇이 잘못되었고 진실은 무엇인지를 배우는 일이 먼저겠지. 영수 학생과 준호 학생이 이 문제에 대해 열정을 가진 것을 보니 문득 이런 생각이 드는군. 두 학생처럼 역사 문제에 관심이 많은 학생들끼리 모임을 만들어 공부하며 이해의 폭을 넓혀나가는 것이 어떨까?

영수: 저는 좋습니다.

준호: 저도 대찬성입니다. 오늘 이야기해주신 문제에 대해 더 자세히 알고 싶습니다.

황 소장: 그렇다면 지난번에 나를 찾아왔던 중학교 3학년 학생 둘이 있는데, 그 학생들과 함께 역사 문제를 알아가는 동아리를 만들어 일주일에 한 번 정도 모임을 갖는 것이 어떨까? 그 학생들도 많은 것을 알고 싶어 했지만 너무 어리다고 생각해서 많은 이야기를 해주지는 못했거든.

영수: 저는 적극적으로 찬성합니다.

준호: 저도 그런 모임을 만들면 참 좋은 기회가 될 것이라고 생각합니다. 그런데 인원을 좀 더 늘려도 좋을 것 같아요. 대학생 선배가 있으면 더 좋겠고요.

황 소장: 적극적인 의지를 보여주니 매우 기쁘군. 그렇다면 영수와 준호 학생이 두 명을 더 알아보고, 내가 그 중학생들의 뜻이 어떤지 확인한 후 그쪽도 네 명이 되도록 해보지. 그리고 남녀 대학생 한 명씩도 함께할 수 있도록 해보겠네.

영수: 오늘 소장님을 뵙고 몰랐던 많은 일들을 알게 되어서 너무 보람 있었습니다. 앞으로에 대한 기대도 매우 큽니다.

준호: 저도 빨리 우리 동아리의 첫 번째 모임이 열리기를 기대합니다.

황 소장: 오늘 뜻깊은 만남을 가져서 즐거웠고, 앞으로 동아리 활동을 열심히 해주길 바라네.

제3장

역사랑 모임

영수: 오늘 우리 동아리의 첫 번째 모임을 가지게 된 것을 매우 기쁘게 생각합니다. 역사에 대해 아는 것이 별로 없는 제가 이 모임의 사회를 맡게 되었는데, 앞으로 가능한 한 여러분의 뜻을 모아 동아리 활동을 해나가려고 합니다. 오늘은 첫날이라 서로 잘 모르니까 각자 간단히 자기소개를 하는 시간을 갖도록 하겠습니다.

먼저 저는 세일고등학교 1학년 박영수입니다. 저는 과목 중에서 국사 성적이 제일 나쁜데요, 앞으로 이 모임을 통해 우리의 진짜 역사가 어떤 것인지 제대로 배워보고 싶습니다.

준호: 저도 영수와 같은 학교 1학년 양준호입니다. 이런 뜻깊은 자리에 여러분과 함께하게 되어 너무나 반갑습니다. 앞으로 우리 동아리의 성공에 작은 힘이나마 보태고 싶습니다.

규현: 저도 같은 학교 1학년 최규현입니다. 저는 독립운동가 집안에서 태어나 우리 역사 이야기를 조금이나마 들

어 알고 있었는데, 오늘 이런 귀한 자리에 참석하게 되어 너무 기쁩니다. 우리 함께 올바른 역사를 찾아보도록 합시다.

지민: 저는 화랑고등학교 1학년 유지민입니다. 우리의 모임이 옛날 젊은 화랑들의 정신을 되살리고 민족정신을 되찾는 좋은 기회가 되기를 바랍니다.

윤아: 저는 원화여중 3학년 성윤아입니다. 언니, 오빠들과 이런 좋은 만남을 갖게 되어 영광이고요, 역사에 대해서는 아는 것이 별로 없지만 잘 이끌어주시기 바라요.

정연: 윤아의 단짝 친구 원정연이라고 합니다. 저는 국사에 관심이 많아 열심히 공부해왔는데, 그동안 잘못된 역사를 배워왔다는 것이 너무 화가 납니다. 한국사의 진실을 알아가기 위해 열심히 노력하겠습니다.

보미: 저도 중학교 3학년 박보미라고 해요. 솔직히 역사에는 별 관심이 없었고 아이돌 가수들의 K-pop만 좋아했는데, 앞으로는 역사를 바로 배워 소년소녀들이 즐길 수 있는 좋은 곡을 만들고 싶어요.

연아: 저도 3학년 조연아라고 해요. 여러 언니, 오빠, 친구들과 함께하게 되어 참으로 기뻐요. 많은 지도 바랍니다.

세호: 서울대학교 국사학과 1학년 강세호입니다. 여러분의 선배로서 이 동아리의 활동에 작은 도움이라도 주고 싶어 참석했습니다. 저도 많이 배우는 시간이 되었으면 좋겠습니다.

영애: 홍익대학교 국사학과 1학년 권영애입니다. 여러분의 좋은 길동무가 되도록 저의 경험을 나누어드리려 합니다.

영수: 각자 소개 말씀 감사합니다. 끝으로 우리 동아리를 이끌고 자문을 맡아주실 황순종 소장님께 앞으로의 계획을 들어보겠습니다.

황 소장: 여러분과 소중한 인연을 맺게 되어 너무 기쁘고 설렙니다. 나는 나이 50이 넘어 독학으로 우리 고대사를 연구하게 되었는데, 역사의 진실을 알게 되면서 큰 충격을 받고 우리 역사를 반드시 바로잡아야겠다고 결심했어요. 나에 대해서는 내 책을 통해 차차 알게 될 테니 여기서는 따로

소개하지 않겠습니다.

우리의 계획을 말하자면 첫째, 한국의 고대사를 중심으로 영광스럽고 찬란한 참 역사를 파악하는 데 중점을 두는 한편, 둘째로 이런 영광된 우리 역사가 어떻게 왜곡되고 날조되어 학교에서 가르쳐지고 있는지에 대해 살펴보려 합니다. 모임의 진행 방식은 가능한 한 질문하고 토의하는 대화형으로 하는 것이 좋겠고, 교재는 내 책『동북아 대륙에서 펼쳐진 우리 고대사』와『매국사학의 18가지 거짓말』을 중심으로 할 것입니다. 모임 때마다 다음 주제를 미리 알려줄 테니 공부하고 와서 대화하고 토론하도록 합시다.

영수: 지금까지 회원들이 각자 자기소개를 했는데, 우리 동아리도 이름이 있어야 하지 않을까요? 예쁘고 의미 있는 이름을 지으면 좋겠어요.

지민: '역사랑'이라고 하면 어떨까요? '역사를 사랑하는 화랑들'이라는 의미로요. 제가 다니는 학교 이름에서 떠올린 건데, 우리 모두가 옛 화랑들과 같은 또래이니 적절한 것 같아요.

정연: 의미가 좋네요. 제가 다니는 학교도 '여자 화랑'이라는 뜻의 원화여중이기도 하고요. 얼마 전에 〈화랑〉이라는 드라마도 즐겨 보았는데, 신라 화랑들의 나라를 사랑하는 정신에 깊은 감명을 받았어요.

보미: 저도 그 드라마를 흥미롭게 보았어요. 동아리 이름에 대해 다른 의견이 없다면 '역사랑'으로 정하면 좋을 것 같아요.

세호: 이렇게 이 시대의 화랑들이 만난 것은 결코 우연이 아닌 것 같아요. 바른 역사를 알고 영광스러운 나라를 다시 일으키라는 조상님들의 간절한 뜻이 오늘에 현실로 나타나게 된 것이 아닐까요? 이렇게 좋은 동생들을 만나게 되어 너무 반가워요.

영애: 전적으로 동감이에요. 나는 화랑이라기엔 나이가 조금 많지만 친구처럼 편하게 대해주기 바랄게요.

황 소장: 나도 마음만은 여전히 화랑과 같으려고 노력하고 있으니 여러분이 격의 없이 대해주면 좋겠어요. 역사가

이자 독립운동가였던 신채호 선생은 화랑정신의 국풍이 우리 민족정신의 골수라고 강조하셨는데, 이것이 쇠하고 중국의 유학이 만연하게 되면서 우리의 얼을 잃고 국운도 내리막길을 걷게 되었다고 보셨어요. 이 시대의 화랑 여러분을 대하니 앞으로 우리의 역사를 바로잡고 국풍을 일으킬 수 있도록 내가 미력하나마 최선을 다해야겠다고 다짐하게 되는군요.

규현: 소장님께서 몇 년 전에 『화랑 이야기』라는 책도 내신 것으로 알고 있는데, 그 책에 대해 좀 설명해주세요.

황 소장: 『화랑 이야기』는 『화랑세기』라는 책을 중심으로 화랑의 우두머리 30여 명의 행적을 소개한 책이죠. 『화랑세기』는 화랑제도가 성행하던 신라 중기에 김대문이라는 학자가 쓴 책인데, 당시 화랑 조직의 우두머리를 풍월주라고 한 것을 알 수 있어요. 풍월 또는 풍류라는 것은 예부터 전해오던 우리의 신선도의 다른 이름인데, 젊은 화랑들의 우두머리를 풍월주라고 한 것이죠. 이 풍월주들은 화랑 시절 빼어난 자질을 보였고, 훗날 나라의 훌륭한 재상과 용맹한 장군으로 큰 활약을 했죠. 여러분이 잘 아는 김유신 장군과

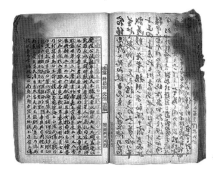
신라 중기 김대문의 『화랑세기』

훗날 무열대왕이 된 김춘추 같은 인물이 대표적이라 할 수
있어요.

준호: 저는 사다함에 대해 들은 적이 있어요. 그는 안타
깝게도 저희와 비슷한 나이에 요절했다는데, 그에 대해 더
알고 싶어요.

황 소장: 준호 학생의 말대로 사다함은 촉망받던 훌륭한
풍월주였는데 일찍 세상을 떠나고 말았어요. 그가 16살 때
신라에 복속되었던 가야에서 독립을 위한 저항이 있었고,
이를 진압하기 위해 사다함이 1천 명의 화랑군을 이끌고 부
장으로 출전해서 으뜸가는 공을 세우고 돌아왔는데, 부하이
자 둘도 없는 친구가 궁궐 담에서 떨어져 못에 빠져 갑자기

죽는 일이 생겼어요. 사다함은 식음을 전폐하고 친구를 그리워하며 지내다 그만 그도 어이없이 죽고 말았죠. 아마 지금 여러분은 이런 사다함의 지극한 우정을 이해하기 어려울지도 모르겠네요.

사다함에게는 또 한 가지 슬픈 사랑 이야기가 있는데, 바로 미실이라는 소녀와의 못다 이룬 사랑이 그것이죠. 미실은 빼어난 미모에 지와 덕을 고루 갖춘 드문 여성으로, 돌아가신 왕들을 모신 신궁에서 제사를 맡고 있었어요. 미실과 사다함, 두 선남선녀는 서로 마음속 깊이 사모의 정을 품었는데, 사다함이 가야군을 진압하러 가게 되자 미실이 「풍랑가」를 지어 사다함의 무운을 빌었죠. 사다함이 이기고 돌아왔으나 미실은 왕의 명에 따라 다른 사람에게 시집을 가게 되었어요. 사다함이 미실에게 「청조가」를 지어 바치며 청조, 즉 자신의 파랑새가 돌아오기만을 애달프게 호소했지만, 둘의 사랑은 현실에서 이룰 수 없는 것이 되고 말았죠.

윤아: 이룰 수 없는 슬픈 사랑 이야기는 언제나 가슴을 아프게 해요. 로미오와 줄리엣의 경우도 현실에서 이룰 수 없는 사랑을 죽음으로써나마 이루려고 했던 것이 아닐까요?

영애: 로미오와 줄리엣의 이야기는 셰익스피어가 문학적으로 창작한 것이지만, 우리 역사에는 슬픈 사랑 이야기가 많이 전해오죠. 고구려 호동 왕자의 경우도 매우 애절해요. 호동 왕자가 낙랑의 공주와 결혼하게 되었는데, 이것은 낙랑국을 멸하려는 호동 왕자의 아버지 대무신왕의 뜻에 따른 일종의 정략결혼이었죠.

대무신왕은 낙랑국을 쳐서 없애려고 했는데, 낙랑국에는 외적이 쳐들어오면 스스로 소리를 내어 알리는 자명고라는 북이 있었어요. 그래서 자명고를 미리 찢어 소리가 나지 않게 한 다음에 낙랑을 치려고 했는데, 마침 낙랑의 왕이 호동을 사위로 맞아 딸과 혼인을 시켰죠. 호동은 부왕의 뜻에 따라 낙랑 공주에게 이 북을 찢게 했고, 그 후 대무신왕이 쳐들어가 마침내 낙랑을 멸망시켰어요. 공주는 사랑에 눈이 멀어 나라를 망하게 했는데, 이렇게 만든 호동 왕자도 기구한 운명이었는지 얼마 후 죽고 말았죠.

호동 왕자는 원래 왕위를 이을 태자였으나, 어머니가 일찍 세상을 떠난 뒤 새로 왕비가 된 젊은 여인이 자기가 낳은 어린 아들이 왕위를 잇기를 바라는 마음에 호동 왕자를 모함했고, 이를 안 대무신왕은 호동이 스스로 자결하도록 만들었어요. 호동이 새 왕비를 강제로 차지하려 한다는 모함이었는데, 도대체 말이 안 되는 이야기지만 대무신왕이 사랑에 눈이 멀었는지 젊은 왕비의 말을 믿어 이런 불행한 일이 생기고 말았다고 기록되어 있죠.

보미: 슬픈 사랑 이야기는 싫어요. 행복하고 아름다운 사랑 이야기를 들려주세요.

황 소장: 『화랑세기』를 보면 사랑을 쟁취하기 위해 모든 것을 버리고 연인과 도망한 경우가 종종 등장하죠. 네 번째 풍월주였던 이화랑은 같이 공부하던 숙명 공주와 사랑에 빠졌고, 도피해 그들의 사랑을 이루었죠. 그들은 나라의 귀한 신분으로 국법에 따라 목숨이 걸린 벌을 받을 수도 있었지만 이를 무릅쓰고 부부가 되어 원광을 낳았는데, 이 사람은 훗날 대법사가 되어 화랑들이 지켜야 할 '세속오계'를 만들었죠. 세속오계의 내용은 여러분도 배웠을 것으로 알아요.

지민: 네, 저도 알고 있어요. '임금을 충성으로 섬기고, 부모님을 효성으로 섬기며, 벗을 신의로써 사귀고, 전쟁에 임해서는 물러서지 않으며, 산 것을 죽일 때는 가림이 있어야 한다' 등의 내용이라고 배웠어요.

김유신 장군의 묘비

황 소장: 사랑을 위한 도피 행각으로 유명한 또 한 명의 인물로 김유신 장군의 아버지 김서현이라는 사람이 있었어요. 그는 만명 공주와 몰래 사랑해 아이를 갖게 되었는데, 공주의 할머니인 태후로부터 혼인 허락을 받지 못하자 도피해 김유신을 낳았죠. 그러자 태후도 어쩔 수 없이 그들 부부를 돌아오게 했죠. 김유신은 소년 시절 풍월주를 지냈고, 후에 백제와 고구려를 멸할 때 큰 역할을 하는 신라 제1의 명장이 되었죠.

연아: 듣고 보니 신라의 화랑들과 왕실의 공주들은 사랑

에 용감하고 죽음을 두려워하지 않은 것 같아요. 지금의 우리로서는 상상하기 어려운 딴 세상의 이야기 같네요. 당시 귀족들의 이야기니까 우리 같은 평범한 사람의 입장에서는 생각하기 어려운 것이겠죠?

영애: 그렇기도 하지만 달리 보면 당시 신라의 풍속이 남녀 간의 교제나 평등 면에서 상당히 너그러웠다고 볼 수 있어요. 고려나 조선시대에 유교가 철칙이 되어 남녀 간의 관계가 완전히 주종 관계가 된 것과는 많은 차이가 있다고 할 수 있죠. 유교 사회에서는 '남녀 7세 부동석'이라 하여 일곱 살만 되어도 남녀가 같은 자리에 있으면 안 된다고 가르쳤지만, 신라에서는 어린 공주들이 화랑들과 같이 공부를 했으니까요.

그리고 결혼 문제도 일부일처가 원칙이기는 했지만 남자들은 처첩을 두고 여자들도 남편 외에 부군을 갖는 매우 놀라운 풍속이 있었고, 사촌은 물론 남매간에, 그리고 부모의 형제와 조카들 사이에도 결혼이 자유로웠어요. 이런 우리 고유의 풍습은 중국의 유교나 서양의 기독교적 윤리와는 차이가 있지만, 그것을 이상하다거나 비도덕적이라고 판단할 필요는 없어요.

규현: 매우 흥미로운 일이네요. 남녀평등 같은 제도는 근대 이후 서양에서 확립된 것으로 알고 있었는데 신라시대에도 그런 풍속이 있었다니 무척 놀랍네요. 신라에만 유독 선덕·진덕·진성여왕 등 세 명의 여왕이 있었던 것도 그런 맥락에서 이해하면 될 것 같아요.

윤아: 저와 정연이는 원화여중에 다니는데, 여자 화랑이라는 뜻의 원화도 그런 관점에서 볼 수 있겠네요. 그런데 사실 원화에 대해서는 저희가 잘 모르는데 설명을 해주시면 좋겠어요.

세호: 내가 황 소장님의 책을 읽어 대강 알고 있어요. 우리가 조금 잘못 알고 있는 것이 원화가 소녀 화랑 조직이라고 생각하는 거예요. 그러나 원화는 사실 소년 화랑 조직의 우두머리로 나라에서 임명한 소녀였어요. 어떻게 보면 여성 우위라고도 볼 수 있는 놀라운 생각이죠.

처음에 23대 법흥대왕이 준정이라는 소녀를 원화로 임명했는데, 대왕이 얼마 후 돌아가시자 지소태후가 대왕의 유지를 받들어 준정 대신 남모 공주를 새로 원화로 임명했어요. 남모 공주는 법흥대왕 때 백제에서 신라로 시집온 보과 공주의 딸이었기 때문에 대왕이 매우 사랑했지만, 아마도 나이가 너무 어려 처음에 원화를 시키지 못했던 것 같아요. 그런데 원화에서 밀려난 준정이 질투심에서 남모 공주를 유인해 술을 먹이고는 물에 빠져 죽게 하는 불행한 일이 발생했어요. 이 때문에 원화제도는 생긴 지 얼마 되지 않아 폐지되고 소년 화랑 중에서 우두머리인 풍월주를 두게 되었죠.

보미: 원화제도에 대해 우리 학교에서조차 정확하게 배우지 못했는데, 알고 보니 우리 여성들로서는 무척 바람직한 일이었군요. 그런데 준정의 시기심 때문에 원화제도가 제대로 꽃을 피우지도 못하고 봉오리 단계에서 지고 말았다는 게 너무나 안타깝네요. 아무리 좋은 지위가 탐이 난다고 해도 어떻게 사람을 죽일 생각까지 했는지…….

영수: 이야기를 들으면서 저는 왕족의 호칭 문제에 대해 의문이 들었어요. 학교에서 배우기로는 우리나라의 통치자들은 모두 왕으로, 그리고 그 부인은 왕비로 부르는 것으로 알고 있는데, 이것도 잘못된 건가요?

『삼국사기』

『삼국유사』

황 소장: 잘못이라기보다는 고려시대 초기부터 중국을 황제 국가로 섬기는 철저한 사대주의에 입각하다 보니 중국의 제후국 입장에서 왕이라 칭하게 된 것이죠. 그러나 삼국시대만 해도 세 나라는 대왕이라는 호칭을 썼는데, 이것은 중국의 황제와 같은 것이었죠. 그리고 대왕의 부인은 당연히 왕후였고, 대왕의 뒤를 이을 사람은 세자가 아니라 중국처럼 태자로 불렀는데, 『화랑세기』를 보면 이런 호칭들을 쓰고 있어요. 그런데도 삼국의 대표적 역사서로 고려시대에 유학자 김부식이 펴낸 『삼국사기』나 일연 스님이 펴낸 『삼국유사』에는 삼국의 대왕들을 모두 왕이라고 낮춰 써놓았죠.

이제 화랑제도의 추이에 대해 알아보는 것이 좋겠는데, 세호 학생과 영애 학생이 간략히 설명해주겠어요?

세호: 화랑제도는 23대 법흥대왕 때부터 31대 신문대왕 때까지 약 140년 동안 전성기를 이루며 모두 32명의 풍월주를 배출했어요. 그런데 신문대왕 때 풍월주 출신의 김흠돌이 다른 풍월주 출신 몇 명과 함께 반역을 꾀하다가 실패해 모두 처형되는 불행한 일이 발생했고, 이 때문에 화랑제도는 하루아침에 폐지되고 말았다고 해요. 이후 풍월주가 아니라 국선이라는 이름으로 명맥만 유지하게 되었죠.

윤아: 화랑들이 가장 먼저 지켜야 할 덕목이 왕조에 대한 충성인데 풍월주 출신 여러 명이 반역을 꾀했다니 있을 수 없는 일이군요. 이런 상황에서 화랑제도를 유지할 수는 없었겠지만, 참으로 아쉬운 일이네요.

영애: 화랑제도는 비록 쇠했지만, 후일의 국선 중에 아주 훌륭한 인물들도 많았어요. 그중 난랑이라는 사람의 묘비명을 신라 말의 대학자 최치원 선생이 써주었는데, 난랑이 어떤 인물인지 자세한 내용은 알 수 없지만, 최치원 선생이 직접 묘비명을 써준 것을 보면 아주 특출한 인재가 아니었을까 생각해볼 수 있죠.

그 묘비명의 서문에 우리의 전통적인 가르침인 풍류의

핵심적인 내용을 정리해놓았는데, 여러분도 알아두는 것이 좋을 듯하니 그 내용을 인용해볼게요.

"우리나라에 현묘한 도가 있으니 이를 풍류라고 한다. 가르침의 근원은 『선사』에 자세히 실려 있는데, 실로 유교, 도교, 불교 등 삼교의 가르침을 모두 포함해 중생을 교화하는 것이다. 집에 들어와서는 부모에게 효도하고 나와서는 나라에 충성을 다하니 이는 노나라 공자의 뜻이요, 자연 그대로의 사리에 따르고 말없이 가르침을 실행하는 것은 주나라 노자의 뜻이요, 모든 악한 일을 하지 않고 착한 행실만 받들어 행하는 것은 인도 태자 석가의 교화와 같다."

민족 전래의 심오한 가르침이 동양의 3대 종교에 반영되어 있는 만큼 우리는 민족종교에 더 많은 관심을 기울여야 겠죠?

준호: 영애 누나의 설명을 듣고 보니 우리의 전통 종교나 문화에 대한 자부심이 더욱 커져요. 아울러 우리 것에 대해 너무나 모르고 있다는 현실이 안타깝기도 하고요. 제가 알기로는 조선시대 말의 혼란기와 일제강점기에 독립을 위한 계몽과 투쟁을 가장 활발히 전개했던 사람들이 대부분 민족종교에 몸담고 우리 역사에 해박한 학자들이었다고 해요.

정연: 3·1혁명 때 민족대표 33인 중 한 분이던 의암 손병희 선생이 민족종교인 천도교의 3대 교주였다고 알고 있어요. 뭐니 뭐니 해도 민족종교나 역사, 문화에 정통한 분들이 그 누구보다 민족애가 강할 수밖에 없을 테죠.

지민: 그런 의미에서 볼 때 지금 우리 사회는 기독교나 불교를 포함한 외래 종교와 서양 문화에 너무 치우쳐 있어서 고유의 종교와 소중한 문화유산의 우수성에 대해 더 많이 교육해야 할 것 같아요.

연아: 오빠 말에 전적으로 동감이에요. 저는 몇 년 전부터 가야금을 배우고 있는데, 학교에서는 이런 것을 배우기가 너무 어려워요. 우리의 음악이나 무용 같은 전통 예술은 깊이가 있고 우리의 정서에도 잘 맞는데, 학교에서 이런 것들은 가르치지 않고 서양 음악만 가르치는 것은 문제가 많다고 생각해요.

황 소장: 연아가 가야금을 배우고 있다니 참 좋은 일이군. 내가 가야금에 얽힌 이야기를 하나 해줄게요. 여러분도 이미 알고 있겠지만, 가야금은 가야의 우륵이라는 대가가

만들었다고 해서 가야금이라 이름 붙여졌어요. 그런데 가야의 이웃 나라인 신라의 진흥대왕이 음악을 매우 좋아해서 우륵을 신라에 초청해 제자들을 길러달라고 요청했다고 해요. 그래서 우륵이 세 명의 제자를 길러내게 되었는데, 각자의 재능에 따라 계고에게는 가야금을, 법지에게는 노래를, 그리고 만덕에게는 춤을 가르쳐 훌륭한 인재로 만들어냈고, 이에 대왕이 큰 상을 주었다고 해요. 연아도 가야금을 열심히 배워 계고 같은 훌륭한 연주자가 되기를 바랄게요.

연아: 가야금에 관해서 이런 이야기는 처음 들었어요. 저도 계고 같은 훌륭한 연주자가 될 수 있도록 더 열심히 노력해야겠어요.

영수: 지금까지 우리가 잘 몰랐던 화랑에 대해 너무나 소중한 정보를 알 수 있어서 아주 뜻깊은 시간이었어요. 이제 오늘의 토의를 진행하려는데, 오늘은 첫날이라 미리 준비한 것이 없을 테니 학생들이 가장 궁금한 문제를 두세 가지만 제기하면 그것에 대해 간단하게 토론하고 끝내기로 할게요. 궁금한 점이 있으면 누구든지 말해주기 바랍니다.

준호: 저는 용어에 관해서 궁금한 점이 있어요. '식민사학'이나 '매국사학'이라는 말을 듣게 되는데, 이 둘은 어떤 관계인지 궁금합니다.

정연: 저는 같은 말로 알고 있어요. 다만 매국사학이라는 용어는 최근에 나온 것으로 잘 들어보지 못한 것 같아요.

규현: '식민사학자'는 일본 제국주의 학자들과 그들을 추종하고 있는 우리나라 학자들을 부르는 말입니다. '매국사학자'는 '매국'이 '나라를 팔아먹는다'라는 뜻이므로 우리나라 학자들만을 따로 구별하기 위해 생긴 것 같아요. '식민'이란 어느 나라가 새로 점령한 땅을 지배하기 위해 자기 나라의 국민들을 심는다는 뜻이기 때문에 원래는 일본 역사학자들을 식민사학자라고 불러야 옳죠.

황 소장: 그 말이 맞아요. 매국사학이라는 말은 국내 학자들의 비열하고 반민족적인 행태를 지적하기 위해 최근에 이덕일 소장 등이 사용하기 시작했으며, 나도 아까 말한 책의 제목에 매국사학이라는 용어를 사용했어요.

황해도 구월산의 '삼성사'에 모셔져 있는 환인, 환웅, 단군왕검의 초상화(왼쪽부터)

영수: 매국노 이완용의 집안 출신인 이병도가 시작한 것이니까 매국사학자라는 표현이 매우 적절하군요. 이 문제는 간단히 정리되었으니 다음 문제를 제기해주세요.

정연: 국사 시간에 잘못 배우고 있는 것 중 가장 핵심적인 내용은 무엇일까요?

윤아: 제 생각을 말해볼까요? 무엇보다 중요한 문제는 우리 역사가 단군 할아버지로부터 시작하는데 단군이 실제의 건국 시조가 아니라 신화적 인물이라며 그 실존과 연대를 부정하는 것이라고 생각해요. 우리의 4천 년 넘는 오랜 역사를 깎아내려 3천 년도 안 되는 역사로 조작한 것이죠.

지민: 신화라고 단정해버리면 실제의 역사라고는 말할 수 없으니까요. 하느님의 아들 환웅이 곰을 마늘과 쑥만 먹으며 동굴에서 살게 해 백일 만에 여성이 되었는데 그분이 웅녀이며 웅녀가 환웅과 혼인해 낳은 분이 단군 할아버지라는 것인데, 이런 내용이 신화로서 믿을 수 없다고 주장하는 것이죠. 하지만 이런 정도의 내용을 신화라고 못 박기에는 무리가 아닌가요? 단군이 실재했던 문헌 기록이나 다른 증거는 없나요?

보미: 저는 텔레비전에서 북한에서 발굴한 단군릉 이야기를 본 적이 있어요. 그 무덤이 5천 년이나 된 것으로 시조 단군의 무덤이라는 것이었어요. 그것이 사실이라면 유력한 증거가 될 수 있지 않을까요?

세호: 내가 여러분의 선배로서 나름대로 공부한 입장에서 이야기하자면, 무덤의 주인공이 단군이라고 확정하기는 어려울 것 같아요. 또 단군께서 활동하신 고조선의 도읍지 평양이 지금의 북한 평양이라는 가설은 잘못된 것입니다. 단군왕검이 도읍하신 평양은 모든 문헌 기록상으로 볼 때 중국 대륙에 있는 것이지 한반도의 평양일 수는 없기

때문이죠. 그러므로 북한의 단군릉은 설득력이 매우 떨어집니다.

황 소장: 문헌 기록을 지적했는데, 내가 대표적인 것을 말해줄게요. 단군께서 세운 고조선은 서기전 24세기에 이미 중국의 기록에 나와요. 중국 역사학의 시조라는 사마천이 쓴 중국의 역사책 『사기』를 보면 당시 중국의 북쪽에 고조선이 있다고 했어요. 고조선이 중국의 북쪽, 즉 황하 북쪽에 있었다는 놀라운 사실을 써놓은 것이죠(〈지도 1〉참조). 만약 북한 지역이 고조선이었다면 그곳이 중국의 북쪽일 수가 없어요. 중국이 지금의 대한민국 땅에 있었어야 그 북쪽이 고조선이 될 수 있죠. 매국사학자들은 이런 기록을 모른 척하며 황하 북쪽에 있던 고조선을 중국에 팔아먹은 것입니다.

영애: 저도 다른 문헌의 예를 하나 들어볼게요. 중국의 산과 나라에 대해 설명한 『산해경』이라는 책에도 고조선이라는 나라가 중국의 동해와 발해에 걸쳐 있었다고 명확하게 기록되어 있어요(〈지도 1〉참조). 이 고조선은 평안도에 있던 약소국이 아니라 중국 대륙으로부터 한반도에 걸쳐 존

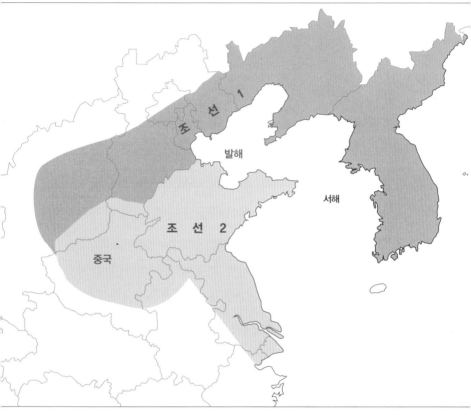

〈지도 1〉 중국 역사서에서 볼 수 있는 조선의 두 위치

『사기』에서는 조선이 '중국의 북쪽'에 있다고 전한다. 또 『산해경』에서는 조선이 '동해의 안쪽, 북해의 가장자리'에 있다고 하며, 중국의 동쪽 바다인 서해로부터 북쪽 바다인 발해에까지 걸쳐 있었다고 한다. 두 기록을 종합해보면 조선은 중국의 북쪽으로부터 동쪽에 이르는 광대한 지역을 가진 같은 나라였다.

재하던 광대한 선진 강대국임이 드러납니다. 그러므로 고조선은 2천 년을 이어온 세계사에 유일한 나라였다는 것이죠.

정연: 소장님과 영애 언니의 명쾌한 설명을 들으니 가슴이 벅차오르네요. 단군 할아버지의 나라가 그렇게 대단했다니 한국인으로서 자부심이 저절로 샘솟는 것 같아요.

지민: 그랬기 때문에 일본인들이 조선 사람들의 자긍심을 깎아내리고 노예처럼 부려먹기 위해 우리의 위대한 역사를 말살한 것이군요.

영수: 상황이 이런데도 국사 교과서에 단군과 고조선의 위대한 업적에 대해서는 아무런 설명도 없고, 고조선을 북한 지역에 있던 부여나 예, 맥 등과 같은 작은 나라로만 설명하고 있으니, 어떻게 이를 제대로 된 교육이라고 할 수 있겠어요? 하루라도 빨리 교과서가 바뀌어 진짜 우리의 역사를 교육할 수 있게 되면 좋겠어요. 이 문제에 대해서는 이 정도로 하고, 이제 그 밖의 국사 교과서의 잘못된 문제에 대해 논의하도록 하죠. 누가 이야기해볼까요?

준호: 제가 알기로는 고조선 이후 건국되어 각축을 벌였던 고구려, 백제, 신라 세 나라의 역사도 크게 왜곡된 것입니다. 그 나라들이 서기전 1세기에 건국되었는데도 교과서에는 건국 시조들의 이름조차 보이지 않는데 그 이유를 모르겠어요.

세호: 삼국의 건국에 대해서는 여러분이 알다시피 『삼국사기』라는 책에 자세한 내용이 실려 있어요. 신라의 시조 박혁거세, 고구려의 시조 주몽 등은 대단한 성인이나 영웅으로 묘사되어 있고요. 일제 식민사학자들은 이런 훌륭한 인물들이 나라를 세운 것을 부정하기 위해 단군의 경우처럼 신화나 전설로 만들어버리고, 『삼국사기』의 기록은 전혀 믿을 수 없는 것이라고 우겼어요. 그런데 우리 학자들도 이런 억지를 그대로 추종하기 때문에 교과서에 삼국의 시조가 누구인지조차 밝히지 않고 있는 것이죠.

연아: 훌륭한 우리 조상들을 알지 못하게 함으로써 우리 조상들이나 그 후손인 우리 모두 못나고 미개한 사람들이라는 생각을 심어주려는 것이군요.

규현: 저는 〈주몽〉이라는 역사 드라마를 본 적이 있어요. 부모님이 보시는 것을 잠시 같이 본 정도지만, 주몽이 한나라를 물리치고 고조선의 옛 땅을 찾기 위해 동분서주한 대단한 영웅이라는 것을 알 수 있었습니다. 이런 훌륭한 조상에 대해 학교에서 가르쳐 우리가 본받게 해야 하는데도 이런 부분을 감추고 가르치지 않으니 대체 무엇을 위해 국사 교육을 받는지 알 수가 없어요.

황 소장: 신라의 시조 박혁거세는 고구려의 주몽과 마찬가지로 알에서 태어난 것으로 되어 있는데, 그 신성함 때문에 진한 나라의 6부 촌장들이 열세 살밖에 되지 않은 그를 왕으로 추대해 새 나라 신라를 세웠다고 해요. 이와 같이 건국의 시조들이 알에서 태어났다는 난생설화가 많은 것은 하늘을 나는 새가 인간 세상에 하늘의 뜻을 전하는 신성한 매개체 역할을 한다고 믿었음을 보여주죠. 다시 말해 새의 알에서 태어났다는 것은 하늘의 뜻이며, 그 사람이 보통 사람이 아니라 왕이 될 자격을 가졌다고 본 것이죠.

영수: 오늘은 첫 모임이라 여러분이 우리 역사에 대해 가진 의문 몇 가지를 중심으로 간단히 토론을 했지만 중요한

사실들을 의외로 많이 알게 된 뜻깊은 시간이었다고 생각합니다. 아쉽지만 오늘은 여기서 마치고 다음 주를 기약하도록 하겠습니다.

제4장

인류 최초의 문명, 요하문명

영수: 역사랑 여러분, 지난 한 주일 잘 지내고 역사 공부도 잘 해 오셨나요? 오늘 논의할 내용은 미리 알려드린 대로 요하문명에 관한 것입니다. 오늘의 주제에 관해서는 제가 먼저 요점을 발표하고 이어 토의를 진행하도록 하겠습니다. 앞으로도 계속 주제에 대해 각자 돌아가면서 발표한 후 토의하는 방식으로 진행할 테니 매주 발표하실 분은 미리 잘 준비해주시길 부탁드립니다.

먼저 요하라는 지명에 대해 설명해볼게요. 요하는 만주 지역에 있는 강으로, 이 강을 중심으로 그 서쪽은 요서라 하고 그 동쪽은 요동이라고 하며, 그 지역 전체가 지금의 중국 요녕성에 속합니다. 그 요서 지역에서 1980년대 이후에 신석기시대부터 청동기시대에 이르기까지의 고대 문명의 유적과 유물들이 끊임없이 쏟아져 나오고 있는데, 그 지역의 문명이 인류사에서 가장 빠른 것으로 알려지면서 온 세계를 깜짝 놀라게 하고 있습니다. 세계에서 가장 빠른 문명으로 알려진 4대 문명으로 메소포타미아 문명, 황하문명, 인더스 문명, 이집트 문명이 있는데, 요하문명은 가까운 중국의 황하문명보다 무려 약 2,500년이나 빨라 그 연대가 서기전 7천 년에까지 올라간다고 합니다.

요하문명은 서기전 7천 년 이후의 여러 문화들을 총칭해 붙인 이름인데, 그중 가장 중요한 것은 홍산 일대에서 발굴된 홍산문화로, 그 시기는 서기전 4500년에서 3000년까지에 해당됩니다. 이 홍산문화 말기에 해당하는 시기에는 이미 초급 문명사회 또는 국가 단계에 이르렀음이 드러나고 있다고 합니다. 특히 우하량이라는 곳에서는 거대한 제단과 함께 여신을 모신 사당, 그리고 돌을 쌓아 만든 무덤인 적석총 등 세 가지 중요한 유적들이 발굴되었습니다. 그래서 중국에서는 이전까지 중국 문명의 시원으로 여기던 황하문명 대신 이제 요하문명이 중국 문명의 시작이라고 주장하며

적석총

그 시작 연대를 2,500년이나 끌어올리고 있습니다.

이제 우하량의 여신을 모신 사당에 대해 좀 더 알아보았으면 하는데, 이 사당에서 여러 동물의 형상이 나왔지만 주실의 중심에 두 개의 곰 형상이 있어, 곰을 토템으로 하는 이 족속의 여신상을 단군을 낳은 웅녀로 보고 있다고 해요.

세호: 그런데 문제는 중국에서 여신상은 무시한 채 곰 형상만을 가지고 황제 유웅씨와 연결해 보고 있다는 점이에

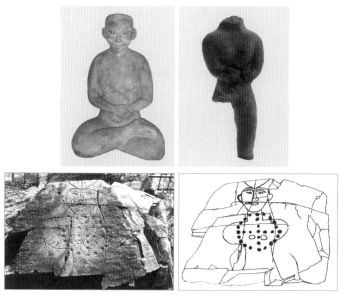

홍산문화 우하량 여신상(위)과 고구려 우산하고분 바위그림 여신상(아래)

요. 황제라는 사람은 오제 중의 첫 번째로 중국의 시조라고 하며 그가 살던 시기는 서기전 27세기였어요. 그의 나라 이름인 유웅에 '곰 웅'자가 들어 있기는 하지만, 이 곰 형상들이 만들어진 시기가 황제가 살았던 시기보다 최소한 300년 이상 빠르므로 그가 세상에 있기도 전에 그를 상징하는 곰 형상을 만들었다는 것은 있을 수 없는 일이죠.

홍산문화의 주역이 중국인이라고 주장하기 위해 이런 무리한 해석을 하는 것이지만, 설사 곰이 황제를 형상화한 것이라 하더라도 나중에 설명하겠지만 황제는 동이족으로 우리의 조상이었으므로 중국의 역사는 될 수 없어요. 그리고 중국의 문화사를 보면 중국인이라는 황제족은 곰보다는 용을 토템으로 숭배해 '들에서 용이 싸우는 시대'였다고 말하기도 하죠.

규현: 요하문명 유적들이 대부분 요하의 서쪽 요서에서 발견되고 있다고 했는데, 요하의 동쪽인 요동이나 압록강 너머 한반도에서는 그와 유사한 유적이 드문지 궁금합니다.

세호: 그 문제에 대해서는 내가 답해줄게요. 영수가 언급한 홍산문화 이전에 흥륭와문화(서기전 6200~5200년)라는 것

이 있는데, 거기에서 발견된 가장 중요한 것으로 세계에서 가장 오래된 옥귀고리, 옥그릇 등 옥기 백여 점이 있어요. 그런데 흥미로운 것은 요서의 흥륭와에서 나온 옥기의 재료인 옥이 동쪽으로 450킬로미터나 떨어진 압록강 하류 서쪽의 요동 지역인 수암이라는 곳의 것이라는 점이죠. 그리고 더욱 중요한 사실은 비슷한 시기에 거의 같은 모양의 옥귀고리가 한반도에서도 발견되었다는 점이에요. 강원도 고성군 문암리의 선사유적지와 전남 여수시 남면 안도리의 패총(조개무덤) 등에서 발견된 것이 그것인데, 이는 만주와 연해주 일대 및 한반도 지역이 하나의 문화권을 이루고 있었음을 보여주는 것이죠. 이 지역은 중국의 학자들이 우리

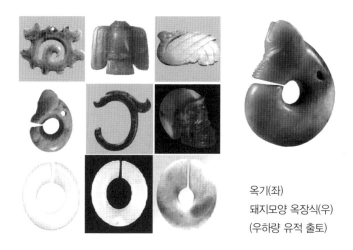

옥기(좌)
돼지모양 옥장식(우)
(우하량 유적 출토)

민족을 일컬은 이른바 '동이'의 강역이었으며, 우리 민족인 예, 맥 등의 선조들이 주도하던 문명권이었죠.

황 소장: 좋은 설명을 했어요. 중국에서 말하는 요하문명의 주인이 중국 민족이 아니라 우리 민족이라는 것은 틀림없는 역사적 사실인 것 같아요. 이 지역들에서 보이는 많은 문화적 요소들은 중원 문화권에서는 보이지 않는 다양한 요소들을 가지고 있어 중원과는 구별되는데, 아까 영수 학생이 홍산문화 유적으로 언급한 적석총과 여신을 모신 사당, 그중에서도 이 여신은 다름 아닌 웅녀로서 곰을 부족의 토템으로 삼아 신성시한 우리 선조들의 문화임을 보여주는 것이죠.

홍산문화 이후 더욱 중요한 것으로 하가점 하층문화(서기전 2500~1500년)가 있는데, 이 시기는 고조선의 초기에서 중기에 이르는 기간으로, 고조선에 대한 많은 사실을 고고학적으로 밝혀주기 때문에 매우 의미가 크다고 할 수 있어요. 가장 대표적인 유물, 유적으로는 다양한 청동기, 그리고 돌로 만든 고인돌, 돌무지무덤, 돌널무덤 등의 무덤이 있죠. 청동기는 하가점 하층문화 초기인 서기전 25세기부터 만들어지기 시작했는데, 한반도에서도 경기도 양평군과 전남 영

고인돌(황해도 은율군 관산리)

암군 두 곳에서 당시의 유적이 발견되었어요. 하지만 학계에서는 이런 사실을 모른 척하고 있죠.

준호: 청동기시대에 대해 교과서에는 "한반도에서는 서기전 10세기경에, 만주 지역에서는 이보다 빠른 서기전 15~13세기경에 청동기시대가 전개되었다"라고 되어 있어요. 우리가 만주 지역인 중국보다 300~500년이나 늦었다고 가르치고 있는데, 이것은 사실을 크게 왜곡한 것이잖아요?

오늘 배운 내용에 따르면, 홍산문화나 하가점 하층문화는 한반도와 만주 지역에서 같은 시기에 전개되었을 뿐 아니라, 청동기시대는 중원보다 오히려 300년이나 빠른 것 아닌 가요? 우리의 청동기시대가 중국보다 300년이나 빠른 것을 거꾸로 300년이나 늦었다고 가르치니 우리가 그들보다 뒤떨어진다는 의식을 갖게 되는 것 아니겠어요?

또 비파형 동검에 대해서는 교과서에 '만주로부터 한반도 전역에 이르는 넓은 지역'에서 출토되고 있고, '이 지역(즉 만주와 한반도)이 청동기시대에 같은 문화권'임을 보여준다고 나와 있는데, 그렇다면 만주와 한반도가 우리 민족의 무대라고 보여주면 될 것을 그렇게 하지 않고 있어요. 대신 교과서의 청동기 유적에 관한 지도를 보면 한반도 안의 지역만 그려놓았어요. 이렇게 말로 설명하는 것과 지도로 보여주는 내용이 서로 다르니 우리 민족의 청동기 유적지는

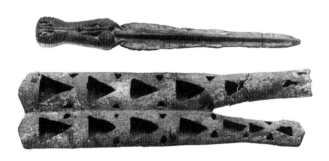

적봉 박물관의 비파형 동검(서기전 3000~2600년 무렵)과 거푸집. 비파형 동검을 고조선식 동검이라고 부른다.

한반도 안에 국한되는 것처럼 보이지 않겠어요? 이제 이런 지도는 없애고, 고조선의 대표적 청동기 유물인 비파형 동검이 출토되는 지역인 한반도와 만주를 아우르는 유적 지도를 실어야 한다고 생각합니다.

영애: 교과서 문제에 대한 준호의 비판이 매우 날카롭군요. 우리 모두가 공감하는 일이죠. 지금까지 청동으로 만든 칼에 대해 이야기했는데, 이번에는 청동으로 만든 거울에 대해 이야기해줄게요. 거울 중에서도 다뉴세문경이라 하여 무늬가 매우 정교하고 걸 수 있는 고리 매듭이 많이 달려 있는 가장 발전된 거울이에요.

그중 가장 큰 거울은 지름이 21.2센티미터, 테두리 폭이 1센티미터인데, 작은 삼각형을 기본으로 하여 기하학적 무늬를 세밀하게 새겨놓은 것이 특징이죠. 볼록 두드러진 테를 주변에 돌리고 그 안에 가느다란 선으로 문양을 새겼는데, 무려 1만 3천 개에 이르는 선을 그어놓았다니 참으로 놀라운 기술 수준이에요. 이러한 정교한 기술은 현대의 기술로도 어렵다는 소문도 있었지만 실제로는 복제에 성공했다고 해요.

국보 141호인 다뉴세문경, 지름 21센티미터의 원 안에 1만 3천 개의 선이 그려져 있다.

윤아: 작은 청동 거울에 1만 3천 개의 선을 그어놓았다니 믿기 어려울 정도인데, 아마도 당시의 최첨단 기술과 뛰어난 손재주가 이룬 성과가 아닐까 싶어요. 엄청난 기술과 노력이 들어간 청동 거울은 분명 사회의 최고위층 여성들에게 큰 인기가 있어 왕비나 그에 준하는 신분의 사람들만 가질 수 있었을 것 같아요.

황 소장: 청동 거울에 대해 살펴보았으니 다시 청동 단검에 대해 이야기해볼까요? 하가점 하층문화의 끝 무렵인 서

기전 15세기에는 기술이 많이 발전해 비파형 동검이 대표적인 무기가 되었어요. 한편 중국의 황하 유역과 그 북부인 오르도스 지역에서는 비파형 동검과는 전혀 다른 동검 문화가 존재하고 있었으며, 그곳의 무덤들은 큰 돌들로 만든 무덤이 아니라 모두 움무덤이었죠. 고인돌 같은 무덤은 무게가 수십 톤이나 되는 거대한 바위를 수많은 인원이 지렛대의 원리를 이용해 옮긴 후 세워놓은 바위들 위에 뚜껑처럼 덮은 것인데, 이런 작업은 강력한 왕권 없이는 불가능한 일이에요. 그러므로 고조선의 단군이나 거수국들의 지배자들은 중원보다 훨씬 강한 통치력을 가졌던 것으로 볼 수 있죠. 특히 후대 고구려 특유의 석성은 성벽을 기어오르는 적을 쏘기 위한 돌출부인 치가 있는 것이 특징인데, 하가점 하층문화에서부터 요하 일대에서 주로 발견되는 이런 석성들은 그 지역에 있던 고조선을 이어 고구려가 그곳에서 일어났다는 것을 뜻하죠.

고조선에 대해 학교에서는 지금 북한의 평양을 도읍으로 하는 소국이었다고 가르치고 있으나, 지난주에 논했듯이 이는 크게 잘못된 식민사학의 산물이에요. 중국의 숱한 문헌들을 봐도 고조선이 대륙에 있었다는 사실을 분명히 알 수 있고, 나는 이에 대해서 나의 첫 책인『동북아 대륙에서 펼쳐진 우리 고대사』의 부록 '고조선이 대륙에 있었던 31가지 증거'에서 설명했는데, 오늘 그중 중요한 두 가지만 설명할 게요.

첫째, 지난주에 보았듯이 중국의 산과 나라에 대해 설명한 『산해경』이라는 책에 고조선의 위치에 대한 언급이 두 번 나오는데, 먼저 '동해의 안쪽, 북해의 가장자리'에 조선이 있다고 했어요. 중국의 동해, 그리고 그 북쪽의 북해, 즉 지금의 발해의 가장자리까지 고조선이 있었다는 이야기죠. 다른 곳에서는 고조선이 '연나라의 동쪽, 바다의 북쪽'에 있다고 하여 역시 앞의 표현과 유사하게 바다, 즉 발해의 북쪽이면서 연나라의 동쪽인 만주 지역이 고조선의 강역임을 말하고 있죠.

만약 고조선이 북한 지역에 있었다면 그곳은 바다의 북쪽이라 표현할 수 없을 뿐만 아니라, 연나라가 만약 지금의 압록강 북쪽까지 이르렀다면 그 연나라의 동쪽이 아니라 압록강 건너 남쪽에 고조선이 있다고 했어야 하죠. 고조선이 대륙 국가였음을 계속 강조하는 이유는 고조선을 이은 여러 나라들 또한 대륙에서 이루어진 역사임을 알게 하는 우리 역사의 핵심이자 근간이기 때문이죠.

두 번째로 설명할 자료는 중국의 3세기 위, 촉, 오, 삼국시대의 기록인 『삼국지』의 「동이전」 '한'조에 나오는 것으로 다음과 같아요.

"연나라는 장군 진개를 보내 조선의 서쪽을 공격, 2천여 리의 땅을 차지하고 만·번한에 이르러 경계를 삼으니, 조선은 드디어 약해졌다."

이것은 서기전 3세기의 사건을 기록한 것인데, 연나라에서 동쪽의 고조선을 쳐 고조선의 서쪽 2천여 리나 되는 넓은 땅을 차지했다는 것이죠. 고조선이 2천여 리라는 엄청난 땅을 빼앗기고도 나라가 망하지 않고 약해졌다고만 한 것으로 보아 원래 고조선이 만주와 한반도를 아우른 강대국임을 여실히 알 수 있는 중요한 기록이죠.

정연: 소장님과 세호·영수 오빠의 설명을 들으니 지난 시간에도 그랬지만 우리가 인류 최초의 문화민족이라는 사실이 너무나 자랑스럽고, 대륙의 광대한 땅을 누볐다는 사실 또한 큰 감동이에요. 이런 우리 역사의 진실을 덮고 치욕적이고 반도에 궁색하게 갇힌 날조된 역사를 학교에서 배워야 한다니 마음이 너무 아프네요. 아마 모두 다 같은 심정이 아닐까요?

황 소장: 여러분이 바른 역사를 다소나마 알기 시작하게 되어 너무나 보람을 느껴요. 역사랑 여러분이 우리 역사에 더욱 큰 관심을 갖고, 보다 적극적으로 자료도 찾아보고 주변의 친구들이나 부모님께도 정보를 제공해주기를 기대할게요. 그럼 다음 주에 다시 만나기로 해요!

제5장

고대 중국을 지배한 동이, 한민족

준호: 반갑습니다. 오늘의 주제는 우리 민족이 고대에 중국을 지배했다는 자랑스러운 내용입니다. 중국 고대의 역사를 체계적으로 정리한 사람은 우리가 너무나 잘 아는 유교의 창시자인 공자로 서기전 8세기의 인물입니다. 그는 당시 주나라의 제후국인 노나라 사람이었으며, 역사 기록을 담당한 사관의 지위에 있었습니다. 그가 중국 전체의 역사에 관해 쓴 것이 『서경』 또는 『상서』라고 하는 유명한 유교 경전 중 하나로 손꼽히는 책입니다. 그가 쓴 또 하나의 역사서는 그가 생존할 당시의 중국 역사를 기록한 것으로 바로 『춘추』라는 책입니다. 이 책의 이름에서 그가 살던 시대의 이름이 춘추시대라고 명명되었습니다.

『서경』을 보면 중국의 역사는 요라는 임금에 의해 시작된다고 했으며, 그는 성덕을 갖춘 지도자로 나옵니다. 그는 후에 왕위를 세습하지 않고 그와 같은 성덕을 갖춘 순이라는 사람에게 물려주었다고 하는데, 이를 선양이라고 합니다. 이와 같은 공자의 기록 때문에 당시의 요순시대를 정치의 이상향으로 말하고 있으나, 사실 세상의 모든 왕조에서는 자식에게 왕위를 세습해왔으니 현실에서는 선양설은 이루어지지 못했죠.

그런데 한 가지 흥미로운 것은 요가 순에게 선양했으나 순은 중국인이 아니라 동이인이라고 중국 학계에 널리 알려져 있다는 점입니다. 성덕을 갖춘 인물에게 선양하는 것은 그렇다 치더라도 하필 중국인이 아닌 동이족에게 왕위를 넘겨주었다는 점은 무언가 사연이 있어 보입니다.

한편 공자보다 600년 이후인 서기전 2세기 한나라 무제 때 중국 역사를 새로이 써서 『사기』라는 책을 낸 사마천이라는 역사가가 있었습니다. 그는 공자가 말한 요 임금 전에 황제, 전욱, 곡 임금 등 세 명이 더 있었다고 하여 중국의 시조를 황제로 설정했으며, 그로부터 요와 순에 이르기까지의 왕들을 '오제'라고 불렀습니다. 그는 오제 모두가 황제의 혈통이라고 말했으나, 다만 마지막의 순 임금만은 요 임금이 그의 딸 두 명과 결혼시켜 사위인 그에게 선양했다고 하여 공자와는 다소 다른 설명을 했습니다. 이 경우에도 왜 중국인이 아니라 동이족에게 딸을 주었을까 하는 의문은 여전하죠.

윤아: 순 임금이 동이족인 우리의 조상이라는 사실은 어

떻게 알 수 있나요?

황 소장: 유교에서 공자 다음으로 저명한 맹자가 『맹자』 「이루장구 하」편에 "순은 제풍에서 태어나 부하로 옮겼으며 명조에서 죽었으니, 그는 동이 사람이다"라고 명백히 밝혔기 때문에 많은 중국 학자들이 그를 동이족이라고 인정하고 있어요. 특히 20세기의 저명한 학자 몽문통은 『맹자』에서 볼 수 있는 지명과 『사기』에 등장하는 순의 여러 활동 지역들이 발해와 동해 일대로, 동이족이 살고 왕래하던 곳이라고 했는데, 이 지역은 앞서 살펴본 고조선의 강역과 일치하는 지역이에요.

준호: 그렇군요. 소장님의 설명 감사드려요. 이제 요 임금이 왜 동이족인 순에게 선양했는지 그 이유를 밝혀볼게요. 결론부터 먼저 말하자면, 요 임금 자신이 중국인이 아니라 동이족인 우리 조상이었기 때문에 같은 동이족인 순에게 선양한 것은 너무나 당연한 일이었어요. 그뿐만 아니라 황제 이래의 오제 모두가 동이족이었음이 드러나게 되었는데, 이는 다른 말로 하면 동이족인 우리 선조들이 중국에 가서 중국을 통치했는데도 공자나 사마천이 그들을 중국인으

로 왜곡해 역사를 기술했다는 뜻이죠.

이러한 사실은 20세기 후반에 중국의 낙빈기라는 학자가 쓴 『금문신고』라는 책에 의해 명백히 밝혀졌어요. 여기서 '금문'이라는 것은 청동기로 만든 여러 기물에 새겨진 글자를 의미하는데, 이 학자는 그 글자들을 풀이해 이 같은 사실을 알아냈죠. 오제시대 당시 새겨진 금문들은 거의 다 제왕들의 주요 행적과 가족관계 등을 기록하고 있어 역사서와 같은 역할을 한 것이죠.

그 내용의 주요 골자는 오제가 모두 동이족인 황제 헌원씨와 신농씨, 두 집안 사이에서 대대로 상호 결혼을 통해 양가에서 번갈아 왕위를 세습했다는 것이었어요. 더구나 놀라운 것은 왕위를 아들에게 물려주는 것이 아니라 원칙적으로 사위에게 물려주었다는 점이에요. 즉 오제시대인 서기전 27~24세기 당시만 하더라도 이 같은 모계사회의 유풍이 남아 있었지만, 유교적 역사가인 공자나 사마천이 우리 선조들을 자신들의 제왕으로 둔갑시킨 것도 모자라 유교적 관점에서 왕위 계승도 아들에게 한 것으로 조작한 것을 알 수 있는 것이죠.

영애: 낙빈기라는 학자가 밝힌 동이족이 중국을 다스렸

다는 내용은 역사적 사실임이 분명할 것인데, 이는 우리가 앞에서 본 대로 인류 최초의 문명을 이룩한 우리 고조선의 조상들이 우리보다 뒤떨어진 중국에 가서 문물을 전파하는 것을 넘어 직접 나라를 다스릴 수 있었다고 보이는 것이죠. 이는 오늘날 한류 문화가 세계로 뻗어나

『금문신고』

가는 것에 비유할 수 있는데, 당시의 한류는 지금보다 더욱 강력해 중국을 다스리며 그들을 교화하는 데까지 이르렀다고 생각됩니다.

규현: 낙빈기의 『금문신고』 외에 요가 동이족임을 말해주는 자료가 하나 더 있는데, 그것은 20세기 중국의 저명한 학자 부사년의 「이하동서설」입니다. 그 논문에는 동방의 부족인 소호족을 설명한 부분이 있는데, 소호씨는 나중에 다시 설명하겠지만 진나라와 신라의 조상인 동이족이었어요. 그 소호족의 후손 중 백익의 일족은 목축을, 고요의 일족은 형벌을 다스리는 것으로 유명했다는 설명이죠. 그런데 동

이족인 백익과 고요가 요 임금 때의 중신으로 공자의 『서경』에 기록되어 있다는 점이 아주 중요해요. 요 임금이 동이족인 순에게 왕위를 물려주기 이전에 이미 동이족인 신하들에 의존했으니 그가 같은 동이족임을 숨길 수가 없는 것이죠.

황 소장: 소호씨 이야기가 나왔으니 그에 대해 좀 더 자세한 이야기를 들려줄게요. 사마천의 『사기』는 황제로부터의 오제를 기록하고 있지만 소호라는 이름은 빠져 있어요. 그러나 중국의 다른 역사서를 보면 소호씨가 궁상이라는 곳에서 왕위에 올랐으며 뒤에 곡부로 옮겼다고 되어 있는데, 그곳이 후에 노나라가 되었으니 즉 후일 공자의 나라로 지금의 산동성에 있었죠.

소호씨는 황제라는 헌원씨의 맏아들로 중국 학계에 공인되어 있는데, 사마천은 실제로 왕위에 있었던 소호를 오제에 포함하지 않고 대신에 그의 아버지 헌원씨를 황제라 하여 오제의 첫 번째로 내세워 역사를 왜곡하고 그의 아들 소호는 역사 기록에서 지워버린 것이죠.

『금문신고』를 보면 소호씨가 삼황인 신농씨에 이어 왕위에 올라 오제의 첫째가 되었으며, 헌원씨는 원래 신농씨의

신농씨   복희 초상

사위로서 왕위에 오를 위치였지만 실제로는 이어받지 못했
다고 밝히고 있어요. 이렇게 된 이유는 당시 막강했던 배달
국의 치우천왕에게 헌원씨가 결사적으로 저항해 장기간의
전쟁을 수십 차례나 전개했기 때문이라고 봐요. 반면에 사
마천은 헌원씨의 이런 불굴의 도전 정신을 영웅적인 행동
으로 간주해 중국의 시조로 내세운 것이 틀림없어요. 오제
이전의 삼황인 신농씨 이야기가 나왔으니 그 전의 삼황의
첫째인 '복희씨' 이야기도 알면 좋겠죠? 영애 학생이 설명
해줄래요?

영애: 복희씨가 중국의 시조가 된 것은 사마천의 후손인 당나라 때의 사마정이 『사기』의 「오제본기」 앞에 「삼황본기」를 보충한 데서 비롯되었어요. 「삼황본기」에 의하면 복희씨가 지금의 하남성의 진에 도읍하고 동쪽의 태산에 올라 천신에게 제사지냈다고 했는데, 그의 활동지가 동쪽인 것을 보아 동이족임을 알 수 있어요. 부사년도 '복희씨가 동방의 부족이라는 것은 고대로부터 공인되어온 일'임을 명확히 했죠.

우리의 기록인 『태백일사』 「신시본기」를 보면 복희씨가 고조선 이전 배달국 태우의 환웅의 아들로 나오는데, 그가 서쪽의 중국에 가서 다스렸음을 알 수 있고, 그 시기는 서기전 32세기경이에요. 약 5백 년 후인 서기전 27세기경에 신농씨가 복희씨의 도읍이었던 진에서 도읍했다가 곡부로 옮겼다는데, 『태백일사』에 의하면 그는 안부련 환웅 말기에 웅씨에서 갈려 나간 자의 후손으로 되어 있어요. 이때의 곡부는 소장님이 언급하신 소호씨가 도읍했던 곳과 같은 곳이에요.

소호씨라는 명칭은 태호씨라는 명칭에 상응해서 붙인 것인데, 태호씨는 다름 아닌 복희씨로 흔히 '태호 복희씨'로 부르고 있어요. 태호 복희씨는 중국의 시조로 숭앙되는 성덕의 인물인데, 후에 그와 비견할 만큼 훌륭한 법과 도를 능히 이었기에 소호라는 명예로운 호칭으로 부른 것이죠.

정연: 영애 언니가 우리 민족의 역사서를 언급한 것을 들으니 한 가지 의문이 들었어요. 우리의 역사는 당연히 우리의 역사서들을 근거로 밝혀야 할 것 같은데 그동안 소장님을 비롯해 모두 중국의 역사서만 근거로 내세우시니까 그 이유가 매우 궁금했어요.

황 소장: 좋은 질문이에요. 당연히 우리 역사는 우리 민족이 쓴 역사서를 통해서 밝히는 것이 순리예요. 그런데 그렇게 하지 못하고 있는 이유는 매국사학자들이 우리의 역사서들을 전부 싸잡아 거짓된 책, 즉 위서로 몰아붙이기 때문이죠. 매국사학자들을 쫓아내기 위해서는 그들과 싸워야 하는데, 만약 우리의 사료를 계속 인용하게 되면 그들이 우리가 거짓 사료를 이용한다고 선전하고 피해버리기 때문에 할 수 없이 중국의 사료를 이용해서 우리 역사를 밝히고 있는 거예요. 그러다 보니 한정되고 조작된 중국 사료 때문에 우리의 참 역사를 드러내는 데 많은 제약이 따르는 것이 사실이죠.

연아: 저는 오제시대의 왕위 계승이 아들이 아니라 사위에게 이루어진 점이 매우 신기한데, 당시의 모계사회적 풍습에 대해 더 알고 싶어요.

세호: 당시 지배층인 신농씨와 헌원씨 두 집안 사이에서 대대로 서로 혼인을 통해 이번에는 이쪽 집안에 장가온 사위가 왕위를 잇고 그다음 대에는 반대로 다른 집안에 장가든 사위가 왕위를 이어왔어요. 그러다 보니 한쪽에서 왕이 되면 그 아들은 왕이 되지 못하고 손자 대에서 다시 왕위를 잇게 되는 재미있는 결과가 나오게 되었죠.

그런데 더욱 흥미로운 사실은 두 집안의 남녀가 1 대 1로 혼인하는 것이 아니라 2 대 2로 혼인을 하는 매우 복잡한 풍습이었다는 것이죠. 한쪽 집안에서 아버지와 아들이 동시에 다른 쪽 집안의 큰사위와 작은사위로 장가드는데, 사위를 맞는 쪽에서는 고모나 이모가 여조카와 함께 신부가 되는 식이었어요. 『금문신고』를 보면 헌원씨와 그의 아들 소호씨가 신농씨의 사위가 되어 큰사위인 헌원씨가 왕위를 이을 수 있는 위치였지만, 소장님이 설명하신 대로 치우천왕과의 싸움으로 인한 정치적 상황 때문에 그는 뜻을 이루지 못하고 대신 작은사위인 그의 아들 소호가 제왕이 되었음을 알 수 있어요.

보미: 2 대 2로 혼인을 했다니 지금으로서는 생각할 수도 없는 발상이지만 당시에는 그럴 필요가 있었던 거겠죠? 만약 아들에게 왕위를 세습하는 경우라면 맏아들에게 문제가 있을 경우 동생이나 사촌 등이 이어받을 수 있겠지만, 사위에게 세습하다 보니 하나뿐인 사위에게 문제가 생길 경우를 대비해 두 명의 사위를 필요로 한 것이 아닌가 생각되네요.

지민: 앞에서 우리 측 사료에 대한 논의가 있었는데, 그러면 제가 요순 임금에 관한 우리 사료에 대해 이야기해볼게요. 요순시대는 단군왕검께서 고조선을 건국한 초기와 같은 시기에 해당해 몇 가지 기록이 전해오고 있는데, 우선 『단기고사』라는 책에서는 이렇게 전하고 있어요.

"순의 아버지 고수는 단군조선의 중신 고시씨의 형이다. 고수의 아들 순이 조선에서 벼슬하지 않고 이웃 나라의 요 임금 밑에서 벼슬하니 부자 사이에 의견이 달라 화목하지 않았다."

순의 아버지 이름이 고수라고 했는데, 사마천의 『사기』에도 같은 이름으로 나와요. 하지만 『단기고사』에서는 그가 조선의 중신의 형이라고 한 데 비해 사마천은 그가 장님으로 미천한 신분이라 했어요. 물론 우리의 기록이 맞는다는 걸 알 수 있어요.

한편 요순의 관계에 대해 『태백일사』에는 이렇게 쓰여 있어요.

"요의 덕이 날로 쇠퇴하자 서로 땅을 다투는 일이 그치지 않았다. 천왕은 마침내 순에게 명해 땅을 나누어 다스리도록 병사들을 보내 주둔시켰다. 그리고 함께 요를 공격할 것을 약속하니 요는 힘이 다해 순에게 의지해 목숨을 보전하고 나라를 넘겨주었다."

이런 내용을 보면 공자나 사마천이 요순 선양설을 거짓으로 만들어 한껏 미화해왔음이 여실히 드러나는 것이죠. 중국의 다른 기록도 선양설을 부정하고 순이 요를 외딴 성에 가두었다고 전하고 있어요.

비슷한 우리 기록을 하나만 더 소개할게요. 이것은 신라때 명재상이었던 박제상이 쓴 『부도지』에 나와 있어요.

"유호씨가 마침내 참지 못해 순을 꾸짖고 요를 토벌하니, 순은 하늘을 부르며 통곡하고 요는 몸을 둘 땅이 없으므로 순에게 양위하고 스스로 갇혔다."

윤아: 우리의 문헌에 이렇게 확실한 증거들이 있는데도 매국사학자들은 이를 거들떠보지도 않고 위서라고 하니 참으로 이해할 수가 없네요. 그렇다면 중국 사료들이라도 제대로 밝혀주면 좋으련만 우리의 위대한 역사를 엿볼 수 있는 자료는 마찬가지로 무시하고 있는 현실이 안타까울 뿐이군요.

세호: 오늘의 논의에서 공자나 사마천의 역사가 많이 왜곡되었음을 알게 되었는데요, 이들이 대표하는 중국적 역사관을 이른바 '중화사관'이라 하죠. 이것은 중국이 세계의 정치적·문화적 중심이라는 관점에서 역사를 보는 것인데, 그 시작은 공자의 역사 서술 방식인 이른바 '춘추필법'에서 비롯되었죠. 춘추필법이란 역사를 일어난 사실 그대로 기록하는 것이 아니라 유교적 관점에서 미화하고 백성을 교화하려는 목적을 지닌 역사 왜곡의 필법이에요. 이를 위해 나라나 제왕의 수치스러운 일을 감추는데, 이를테면 전쟁에서 패한 사실을 명확히 하지 않고 심지어는 이긴 것으로 조작하거나 제왕의 시해나 불미스러운 행위 등을 감추는 것이죠. 더불어 중국 안의 일은 상세하게 기술하되 바깥의 다른 나라의 일은 아주 소략하게 기록함으로써 역사의 진상을

알 수 없게 만드는 방식이죠.

춘추필법의 가장 대표적인 예가 앞에서 논의한 요순 선양설, 그리고 그 후의 순·우 선양설인데요, 『한비자』에 의하면 "순이 요를 핍박하고 우가 순을 핍박해 전의 왕을 시해했으나 천하가 선양으로 떠받든다"라고 하여 선양설을 명백히 반대했는데, 이러한 사실은 앞서 언급한 『금문신고』에 의해서도 증명되었죠.

요순 선양에 대해 사마천의 『사기』에서는 "요가 즉위 70년 만에 순을 얻어 등용했으며, 다시 20년 만에 연로해 은퇴하고 순에게 정치를 대신하게 하고 천자로 추대했다. 요는 제위를 물려준 지 28년 만에 붕어했다"라고 기록했는데, 성덕의 제왕인 요가 백 수십 년 장수한 것으로 썼지만 이는 춘추필법식 미화일 뿐입니다. 또 그가 90년 동안 재위했다고 했으나 이것도 거짓으로, 『금문신고』에 따르면 그의 재위는 38년에 불과했다고 밝혀졌어요.

황 소장: 고대 중국에서는 이와 같이 중화사관에 의한 역사 왜곡이 이루어졌는데, 중국인들의 나쁜 습관은 현재에도 변함없이 이루어지고 있으니 그것이 바로 '동북공정'이라는 것입니다. 이것은 중국의 가장 동북쪽에 위치한 만주 지역

에 대한 대대적인 역사 왜곡 작업으로, 그 핵심은 고조선은 물론 고구려와 발해국까지의 우리 역사를 중국의 역사로 조작하는 것이죠.

이런 인식에 바탕을 두고 몇 년 전에 중국의 시진핑 주석이 미국 트럼프 전 대통령과의 면담에서 한국은 고대에 중국의 일부였다는 망언을 하기도 했죠. 고대 한국에서 중국을 다스려 중국이 한국의 일부였던 진짜 역사가 아직 제대로 밝혀지지 못하고 중화사관만이 횡행하게 됨으로써 이런 한심한 일이 생겨나고 있는 것이죠.

만주 지역에 있는 고구려나 발해 유적지의 경우, 그 실상을 감추기 위해 접근을 통제하거나 사진 촬영 등을 금하고 있는 경우가 대부분이에요. 내가 5년 전에 압록강 북쪽 집안에 있는 광개토대왕묘와 비석의 유적을 보러 갔을 때도 중국 관리인이 사진을 찍지 못하도록 엄격히 통제하고 있던 기억이 나네요.

세호: 역사를 왜곡하고 남의 문화를 자기 것으로 도둑질하는 중국의 나쁜 전통은 과거의 역사에 대한 동북공정에 머물지 않고 있어요. 그들은 오늘날 한국의 김치나 한복 등 세계로 퍼져나가는 한류 문화는 물론 심지어는 한국인 자

체까지도 중국의 소수민족이라고 하여 모두 자기들의 것이라고 우겨대는 한심한 작태를 보이고 있어요. 공산주의 체제에다가 이렇게 도를 지나친 과대망상적인 환상에까지 사로잡혀 있는 중국의 체제는 앞으로 얼마나 유지될 수 있을까요? 옛 소련의 공산주의나 나치 독일을 비롯한 수많은 세계의 독재정권들이 결국 무너졌듯이 중국의 침략적인 체제 또한 머지않아 무너진다는 것이 많은 해외 석학들의 공통된 예견이죠.

황 소장: 좋은 지적이군요. 앞에서 오제시대에 대해 배웠는데, 이제 그 후의 중국에 대해 알아볼게요. 오제 이후 세습 왕조인 하·은·주나라가 1,500년간 이어지며 서기전 8세기에 춘추시대가 되었어요. 중국 학계에서는 오제와 그 이후 하나라와 주나라를 중국인의 정통으로 여겨왔는데, 그 중간의 은나라는 부사년의 「이하동서설」 이후 동이족의 나라로 공론화되었어요. 이 논문의 핵심 내용은 중국 대륙의 서쪽은 하나라로 중국 민족이지만 그 동쪽인 산동성과 하북성 지역 등에는 은나라와 같은 민족인 동이가 있었다는 것이었죠.

그러나 은나라만이 아니라 하나라와 주나라 또한 동이라

는 사실이 낙빈기의『금문신고』에 의해 밝혀짐으로써 그동 안의 중국 역사가 잘못된 것임이 백일하에 드러났어요. 즉 은나라의 시조인 설은 물론이고 하나라의 시조 우와 주나라의 시조 후직 등이 모두 오제시대 오제의 혈족으로 우리 민족임이 드러났어요. 다시 말하면 중국 고유의 하족 또는 화족은 없었던 것이죠.

20세기 전반에 중국의 저명한 역사학자들이 전통적인 역사에 의심을 품고 새로운 연구들을 진행해 많은 성과를 냈는데, 그중 한 명인 양관이라는 학자는 하나라의 시조인 우와 그의 아들 계는 '본래 동이의 신(神)'이라고 밝혔죠. 이런 점을 보면 역사는 영원히 왜곡되어 있을 수는 없으며, 언젠가는 결국 진실이 드러난다는 교훈을 얻을 수 있죠.

한편 주나라의 제후국이던 진, 초, 조, 오, 월 등도 모두 동이의 나라였어요. 진, 초, 조의 세 나라에 대해 조금 전 언급했던 양관과 임혜상이라는 학자가 동이족임을 말했어요. 더구나 언어적 연구로 유명한 주학연이라는 학자는『진시황은 몽골어를 하는 여진족이었다』라는 책에서 낙빈기와 마찬가지로 하, 은, 주, 세 나라가 모두 북방민족과 그 기원이 같다고 주장했으며, 제후국인 진나라와 오, 월까지도 북방민족이거나 그 혼혈이라고 했어요. 이 나라들 중 후일 천하

를 통일한 진나라에 대해 알아보려는데, 영애 학생이 설명
해줄래요?

영애: 진나라의 조상에 대해서 『사기』「진본기」에서는 전
욱 임금의 후예라고 했으나, 같은 책의 「봉선서」에서는 "진
나라에서는 소호의 제사를 주관한다"라고 했어요. 이런 모
순된 기록으로 볼 때, 진나라가 앞서 본 동이족인 소호 금천
씨가 조상이므로 그에게 제사를 지낸 사실을 알 수 있는 동
시에 「진본기」의 기록은 왜곡임이 드러나고 있어요.

소장님이 언급하신 주학연은 진나라의 건국 초기 내용을
언어학적으로 분석해 "제비가 알을 떨어뜨리자 여수가 이
를 삼키고 대업을 낳았다", "조속씨", "새의 몸에 사람의 말
을 했다" 등의 구절은 새 토템을 숭배한 증거들이라고 지
적했어요. 시조의 난생설화는 동이족에 특유한 것으로, 은
나라의 시조 설이나 서나라의 서언왕, 그리고 고구려와 신
라 시조의 경우처럼 진나라 또한 동이족임을 증거하는 것
이죠. 그는 또 진나라 사람 중에 오래, 택고랑 같은 해괴한
이름들을 몽골어, 만주어, 헝가리어 등에서 나온 말로 보아,
진나라의 조상이 몽골족이나 만주족과 같은 계통이라고 했
어요.

진나라의 조상인 소호의 성씨는 영씨로 산동성의 곡부에 도읍했는데, 그 후손 중 일파가 멀리 서쪽으로 옮겼고, 후일 중국을 통일한 진시황의 이름도 영정이었죠. 또 소호의 후손들이 각지에 분봉되어 봉국 이름으로 성씨를 삼으니 서, 담, 거 등 10여 개의 성씨가 있게 되었는데, 거의 대부분의 나라들은 곡부에서 멀지 않은 산동성, 안휘성, 강소성 등지에 있었죠.

이 나라들 중 강소성에 있었던 서나라는 언왕이 인의의 정치를 펼쳐 중국 주나라의 36개국이 조공해 왔다고 해요. 위기를 느낀 주나라 왕은 급히 초나라에 알려 큰 군사를 일으키게 해 서나라를 멸망시켰죠. 그런데 『후한서』 「동이열전」에 실린 주나라 왕과 초나라 왕의 연대가 서기전 10세기와 7세기로 300년의 차이가 있어 그 정확한 시기를 알 수 없는 것이 문제예요. 『후한서』에 따르면 서나라의 언왕은 어질기만 하고 권도를 사용하지 않아서 차마 백성을 데리고 싸우지 못해 패하기에 이르렀다고 해요. 그러나 패해 달아날 때 그를 따라간 백성이 만 명이 넘었을 정도로 인의의 군주였음을 보여주고 있죠.

준호: 오늘 중국의 왕조들과 대부분의 제후국들이 모두

원래 동이였음을 알게 된 소중한 시간이었습니다. 춘추시대를 거치면서 중원에 대한 경쟁이 치열해짐에 따라 진, 초, 오, 월 등이 중국으로 진입하고 그 후 전국시대에 조나라까지 중국화된 역사적 사건들을 우리가 알고 있어야 함을 새삼 느꼈습니다. 역사랑 여러분 오늘도 수고하셨습니다.

제6장

위대한 역사,
배달국과 고조선

영수: 오늘은 고조선과 그 전의 국가였던 배달국의 역사에 대해 간략하게나마 알아보려 하는데, 제가 먼저 배달국에 대해 소개하겠습니다. 우리는 학교에서 최초의 국가가 고조선이라고 배우고 있지만, 사실은 그 전에 배달국이라는 나라가 먼저 있었고 천 년이 넘는 역사가 기록으로 전해오고 있어요. 배달국의 통치자는 환웅이라고 했는데, 열여덟 분의 환웅이 나라를 다스렸다고 해요. 그분들이 어떤 업적을 남겼는지는 구체적인 기록이 전해지지 않아 잘 알 수 없지만, 그중 14대 환웅은 대단한 영웅으로 기록되어 있어요. 이분은 치우천왕으로 잘 알려져 있어 아마 여러분도 들어봤을 거예요.

지민: 2002년 한일 월드컵 축구대회 때 '붉은 악마'로 잘 알려진 대한민국 축구 응원단의 상징이 바로 치우천왕이라고 알고 있어요. 그해 한국에서 열린 축구 경기 때마다 전 국민의 뜨거운 응원과 붉은 악마들의 활약으로 우리는 사상 처음으로 4강에 오르는 기적을 만들었잖아요. 이것은 아

치우천왕

마도 치우천왕님의 천우신조가 있었기 때문에 가능했던 것 같아요. 그러나 사실 치우천왕이 어떤 영웅이셨는지는 정확히는 모르고 있어요.

규현: 치우천왕은 붉은 도깨비와 같은 얼굴로 형상화되어 무서운 느낌을 주는데, 왜 이런 특이한 모습으로 나타냈을까요?

세호: 치우천왕에 대해서는 내가 설명해줄게요. 당시는 서기전 26세기로 단군왕검께서 고조선을 건국하기 약 2백년 전이라는 사실을 우선 알아야 해요. 이렇게 이른 시기에

치우천왕은 산에서 광석을 캐고 이를 제련해 쇠와 구리를 만들었고, 이를 가지고 군대를 병장기와 갑옷, 투구 등으로 무장시켜 천하에 감히 맞설 자가 없었어요.

영수: 그렇게 오래전에 이미 쇠와 구리를 제련해 썼다니 매우 놀랍네요. 교과서에서는 청동기시대가 한반도에서는 서기전 10세기경에, 그리고 만주 지역에서는 이보다 빠른 서기전 15~13세기경에 시작되었다고 가르치고 있어요. 치우천왕이 청동기시대를 열었다고 볼 수도 있는데 교과서에서는 그 시기를 천 년 내지 천오백 년이나 늦추어 가르치고 있다니 너무 화가 나요.

정연: 저는 중국에서 치우천왕을 자신들의 조상으로 모신다는 이야기를 들었어요. 중국인들은 이렇게 어이없게 남의 조상을 자신들의 조상으로 둔갑까지 시키는데, 이 땅의 매국사학자들은 우리의 조상도 강토도 외국에 넘겨주고 한반도 안에서의 역사만 우리 것이라 하니 글자 그대로 매국사학자임에 틀림없어요.

황 소장: 치우천왕 당시 중국에는 신농씨라는 분이 있어

나라 이름을 우나라라고 하여 다스리고 있었는데, 중국에서는 이 신농씨를 자기들의 시조로 받들고 있어요. 지난 시간에 사마천이 황제를 시조로 삼아 그 후의 오제시대에 대해 기록한 것을 보았는데, 후대의 중국 학자들이 중국의 역사를 오제 이전의 삼황의 역사로 소급시키며 복희씨라는 분 다음의 두 번째 인물로 등장시킨 것이 바로 신농씨예요. 신농씨 때부터 청동으로 만든 기물에 글자를 새기기 시작했는데, 지난 모임에서도 말했듯이 1987년에 낙빈기라는 중국 학자가 이 글자들을 풀이해 신농씨와 그 후의 통치자들이 모두 동이족임을 밝혀냈어요. 신농씨의 사위로 헌원씨가 있었는데, 사마천이 그를 중국인으로 만들어 오제의 첫째로 황제라고 기록했죠.

세호: 황제라는 인물에 대해서는 제가 설명해볼게요. 그는 치우천왕과 같은 시대에 중국에 있으면서 치우천왕의 막강한 군사에 맞서 10년 동안 줄기차게 전쟁을 계속했어요. 우리 측의 기록인 『규원사화』에는 70여 차례나 싸움을 벌였으며 우리가 이겼다고 했는데, 소장님이 말씀하신 사마천의 『사기』에는 황제가 단 한 번 싸움에 치우를 잡아 죽였다고 해서 큰 차이가 있죠.

그런데 『사기』의 다른 부분을 보면 서기전 3세기에 중국을 처음 통일한 진시황이나 그 후 한나라를 세운 고조 유방이 모두 치우천왕을 군사의 신으로 떠받들고 전쟁에 나가기 전에는 언제나 제사를 지냈다고 되어 있어요. 이런 사실을 보면 한 번 싸움에 진 치우천왕을 먼 후세의 중국 제왕들이 군신으로 모셨다는 것은 거짓임이 여지없이 드러나는 것이죠.

한편 더욱 흥미로운 사실은 신라와 가야의 왕족인 김씨의 선조가 공손헌원(즉 중국의 황제)과 그의 아들 소호금천씨라고 『삼국사기』에 나와 있는데, 이는 황제가 신라 및 가야와 동족이며 황제의 아들이 소호씨라는 낙빈기의 주장이 옳다는 것을 증명하고 있다는 거예요. 낙빈기가 밝힌 또 다른 사실 하나는 공손헌원이 제왕의 자리에 오르지 못한 대신 그의 아들 소호씨가 제왕이 되었다는 것인데, 그런데도 사마천이 공손씨를 중국의 시조인 황제로 설정한 것은 그가 당시 강대국이던 배달국의 치우천왕에게 도전한 기백을 높이 평가했기 때문이라고 볼 수 있어요.

보미: 공손헌원이라는 분이 배달국 출신이었는데 왜 막강한 치우천왕에게 끝까지 저항했는지는 모르겠지만 그의

남자다운 기백이 돋보이네요. 그런데 공손헌원이 치우천왕과 원수처럼 싸웠다면 그의 아들 소호씨도 아버지를 도와 치우천왕과 싸웠어야 할 텐데, 왜 제왕이 되고도 싸우지 않았는지 궁금하네요.

세호: 매우 날카로운 질문이군요. 지금 그때의 상황을 정확하게 알 수는 없지만 한 가지 가능한 추측은 장기간의 전쟁을 속히 끝내기 위해 소호씨가 아버지를 설득하고 치우천왕과 외교적 교섭을 잘 진행해 매듭을 지은 것이 아닌가 하는 거예요. 소호의 아버지는 제왕이 되지 않는 조건으로 말이죠.

규현: 신라 김씨의 조상이 중국에서 떠받드는 황제와 그의 아들 소호씨라니 상상하기 어려운 일이네요. 그런데 한 가지 궁금한 게 있는데…… 황제와 싸운 곳이 중국이었을 텐데 그곳과 치우천왕의 도읍지는 어디였을까요? 그리고 소호씨의 후손인 신라 김씨들이 중국에서 언제 어떤 경로로 경상도로 왔는지도 알려주시면 좋겠어요.

황 소장: 먼저 배달국의 도읍은 원래 신시라고 전해오는

데 그 위치는 명확하지 않고, 치우천왕이 청구를 개척해 도읍을 옮겼는데 그곳은 지금 중국의 산동성 동해 바다 가까운 곳이에요. 이 청구라는 이름은 훗날 고려시대 이후 우리나라의 별칭으로 쓰였는데, 이는 치우천왕이 우리의 조상이었다는 또 다른 증거가 되는 것이죠. 그런데 당시 황제는 지금 하남성의 곡부라는 곳에 도읍하고 있었는데, 청구에서 그리 멀리 떨어지지 않은 곳이었죠.

한편 신라의 김씨로 처음 등장한 사람은 서기 1세기의 김알지로, 그는 한나라에서 망명해 온 것으로 볼 수 있어요. 당시 신라는 경상도가 아니라 한나라와 이웃해 산동성 지역에 있었는데, 신라와 백제, 고구려의 삼국이 모두 한반도가 아니라 중국 대륙에 있었다는 사실은 나중에 다시 논의해보도록 하죠.

그런데 김알지의 가까운 선조로 서기전 2세기 한 무제 때 김일제라는 사람이 있는데, 그는 훗날 동쪽 지역의 제후가 되었어요. 김일제는 원래 흉노(몽골족의 옛 이름)의 태자였는데 한나라와의 전쟁 때 포로로 잡혀갔고, 무제 밑에서 충직하게 일해 절대적 신임을 얻고 김씨 성을 하사받았죠. 이것은 그가 앞에서 언급한 소호금천씨의 후손이라는 뜻으로, 금으로 조상의 상을 만들어 모셔놓고 하늘에 제사를 지내는 흉노족의 풍속 때문에 김씨 성을 준 것이죠.

흉노족의 한 갈래는 먼 옛날에 진나라가 되어 중국의 제후국이 되었는데, 이 진나라의 시조도 소호금천씨로 되어 있어요. 즉 진나라와 흉노, 신라가 모두 같은 소호의 후손이라는 것인데, 그렇기 때문에 후일 중국을 통일한 진나라의 진시황은 성이 영씨로 소호씨의 성씨와 같아요. 흉노의 후손인 몽골인들이 우리와 같이 유아 때 엉덩이에 몽고반점이 있고 얼굴 생김새도 서로 구별하기 어려울 정도로 비슷한 점이 우연이 아니라는 이야기죠.

연아: 지금 몽골과 대한민국은 멀리 떨어져 있지만 같은 조상에서 시작되었다는 점이 무척 재미있어요. 소장님 말씀대로 신라가 대륙에 있었다면 한나라에서 육로로 신라에 오는 것은 별로 어려운 일이 아니었겠죠. 그러나 학교에서 배운 대로 신라나 가야가 경상도 지역에 있었다면 한나라에서 오려면 뱃길로 멀리 돌아와야 하니까 김씨의 선조들이 굳이 그곳이 아니라도 사방의 가까운 곳 어디로든 망명할 수 있었을 것 같아요.

지민: 연아의 이야기를 들으니 김씨의 조상들이 하필 신

라를 택해 망명한 특별한 이유가 있었을 것 같은데 궁금하네요. 또 그들은 왜 망명할 수밖에 없었을까요?

영애: 그 부분은 내가 설명할게요. 김씨 일족이 신라로 온 이유는 명확하게 알 수는 없지만, 이전부터 신라에 소호씨의 후손들이 많이 와 있었기 때문이 아닐까 생각해요. 그들이 오기 2백 년 전 진시황이 만리장성 공사 등으로 학정을 계속하자 진나라 사람들이 신라의 전신인 진한으로 많이 도망쳐 왔다고 해요. 그 사람들의 말과 진한 사람들의 말에 같은 것도 상당히 있었다고 하고요.

다시 말해, 먼 옛날부터 소호씨의 본거지인 산동성의 곡부에서 소호씨의 후손들이 멀리 서쪽으로 가서 진나라의 조상이 되기도 했지만, 그와 반대로 동쪽의 가까운 진한으로 온 사람들도 많았다는 것이죠. 그런 까닭에 진한으로 온 사람들과 진한에 살던 사람들 간에 말도 통하기 쉽고 동족의식이 있지 않았을까 생각돼요. 산동성 곡부에서 동쪽으로 도망오자면 진한보다 마한(백제의 전신)이 더 가까운데도 마한을 지나 진한으로 온 것을 보면 짐작할 수 있어요.

한편 한나라에서는 무제 이후 백 년 만에 왕망이라는 사람이 왕조를 무너뜨리고 신나라를 세웠는데, 김일제의 후손들이 왕망의 외척으로 그 일에 가담했어요. 그런데 얼마 가지 못하고 나라를 다시 한나라의 후손에게 빼앗기자 어쩔수 없이 망명길에 오른 것이죠.

황 소장: 오늘 고조선 이전의 우리 역사와 중국과의 관계 등에 대해 많은 이야기를 나누었는데, 이제 단군왕검께서 세운 조선, 즉 고조선에 대해 알아보기로 하죠. 『삼국유사』에는 고조선의 건국에 대해 간략하게 기록되어 있는데, 이에 대해 누가 설명해볼까요?

규현: 『삼국유사』에서는 우리의 『고기』라는 책과 중국의 『위서』두 가지를 인용했는데, "단군왕검께서 나라를 세우고 이름을 조선이라고 했으며 그 시기는 중국의 요 임금과 같은 때"라고 기록하고 있습니다. 즉 그때가 서기전 24세기였다는 것을 알 수 있어요.

영수: 그런데 학계에서는 청동기시대에 국가가 형성된다고 하여 고조선의 건국 시기를 서기전 10세기경으로 늦춰 보고 있잖아요? 이런 식민사관이 잘못된 것이라고 비판하려면 『삼국유사』외에 중국의 다른 문헌에도 고조선이 서기

전 24세기에 건국되었다는 기록이 있다면 좋을 텐데, 그런 기록이 있나요?

황 소장: 중국에서 처음으로 '조선'을 기록한 것은 『사기』로, 서기전 12세기인 주나라 초에 기자라는 사람을 조선에 봉했다는 내용인데, 이때는 고조선 건국 이후 1천 년 이상 지난 때죠. 그러나 '숙신'이라는 나라에 대해서는 이미 서기전 24세기인 요순 임금 시절부터 기록되어 있어요. 그런데 '조선'과 '숙신'에 관한 기록을 비교해보면 둘 다 중국의 북쪽에 있어 그 위치가 같기 때문에 같은 나라로 볼 수 있어요. 또 단군의 나라 이름을 신채호 선생께서 만주어인 '주신'이라 보았는데, 이는 조선과 숙신의 중국식 발음과 비슷하므로 같은 나라를 조선과 숙신, 두 가지로 쓴 것으로 볼 수 있어요.

여기서 매우 중요한 사실은 이 고조선이 중국의 북쪽에 있었다는 것인데, 중국이 황하 하류 유역에 있었으므로 고조선의 위치는 그 북쪽인 중국 대륙이었다는 것이죠. 만약에 학교에서 가르치는 대로 고조선이 북한 지역에 있었다면 그곳이 어떻게 중국의 북쪽이 될 수 있겠어요? 그 말이 사실이 되려면 지금의 대한민국이 옛날에 중국이었어야 하니까요. 조선의 도읍지에 대해서는 어떻게 되어 있죠?

규현: 『삼국유사』에 따르면 단군의 도읍지는 아사달 또는 평양이라고 되어 있는데, 같은 곳을 말하는 것으로 이해되고 있어요. 저자 일연 스님은 그곳을 황해도 구월산 일대로 보았으나 지금 학교에서는 평안도의 평양이었다고 가르치죠. 그런데 소장님 말씀처럼 조선이 대륙에 있었다면 그 도읍지 또한 대륙에 있어야 하니 북한의 평양은 고조선의 도읍지 평양은 될 수 없겠네요?

세호: 그렇죠. 고조선의 도읍지인 평양의 위치에 대해서는 명확한 기록이 부족하니 고조선의 위치가 대륙이었음을 다시 한 번 확인하기로 하죠. 지난번 모임에서 언급된 『산해경』이라는 책의 고조선의 위치, 즉 '동해의 안쪽, 북해의 가장자리'인 지금 중국의 동해로부터 발해(즉 북해)에까지 고조선이 존재했다는 사실을 쉽게 알 수 있어요. 이처럼 대륙에 존재하던 조선이 도읍을 지금 북한의 평양에 정할 수는 없는 것이죠.

그런데도 평양의 위치에 대해 매국사학자들은 여전히 북한의 평양이라고 우기고 있어요. 고조선 말기에 위만이 고조선을 차지해 그 평양에 도읍했다고 보는 건데, 이는 앞에서도 살펴보았듯이 잘못이며, 위만은 평양이 아니라 고조선 서쪽 끝 지역을 차지하고 다른 곳에 도읍했을 뿐이죠. 만약 위만이 고조선을 이어 평양에 도읍했다면 평양의 이름을 바꿀 필요가 없었을 텐데 위만의 도읍을 왕험성이라고 기록한 것을 보면 그곳은 평양과 다른 곳임을 말하는 것이 아니겠어요? 또 그 위치에 대해서는 '패수의 동쪽'에 있었다고 하는데, 그렇게 볼 때 이 왕험성은 지금의 평양이 될 수 없고, 북경 부근을 흘렀던 패수의 동쪽인 지금의 요서 지역에 있었다고 봐야 하죠.

준호: 고조선의 영역과 관련해 교과서에서는 한반도와 요동 지역에서 고조선의 대표적 유물인 비파형 청동 단검이 나오므로 두 곳이 같은 문화권이라고 하여 고조선의 영역을 한반도는 물론 요동까지도 포함해 설명하는 것처럼 보여요. 그러나 정작 고조선의 유물이 출토된 지역을 표시하는 지도에는 한반도 안의 지명만 보여주고 요동은 아예 나오지 않으니, 이것은 무의식중에 한반도만 고조선의 영역이라는 인식을 심어주려는 얕은꾀라고 생각돼요.

정연: 그뿐만 아니라 고조선 이전의 신석기시대나 구석기시대를 보여주는 지도에도 한반도만 나와요. 학생들에게 우리의 역사는 태곳적부터 한반도 안에서만 이루어졌다는 고정관념을 확실하게 심어주려는 의도가 아니겠어요?

윤아: 우리 모임에서 이미 논의한 대로 세계 최초의 요하문명과 홍산문화는 우리 민족의 것임이 드러났으므로 고조선의 강역이 요서 지역에까지 미쳤다는 것은 분명한 사실임에 틀림없어요.

영수: 영애 누나가 말한 단군사화는 『삼국유사』에 나오는데, 여러분이 알다시피 곰이 굴속에서 쑥과 마늘만 먹으며 백일을 수행해 여자인 웅녀가 되어 단군을 낳았다고 하죠. 매국사학에서는 이를 신화라고 하지만, 여기서의 곰은 곰을 수호신으로 삼는 부족을 상징적으로 나타낸 것일 뿐이에요. 또 단군의 아버지 환웅을 하늘의 아들이라고 한 것은 시조를 신성시하기 위한 고대인들의 상징적 표현에 불과한데, 이것만 가지고 신화로 취급하는 것은 무리죠.

황 소장: 지금까지 살펴본 고조선은 문헌이나 고고학적

유물로 볼 때 그 영역이 한반도는 물론 만주 지역과 발해로부터 동해에 이르는 중국 해안 지역, 그리고 중국의 북쪽인 내륙 지역 등에 이르는 것으로 나타나고 있어요. 중국 북쪽의 고조선에 대해서는 아홉 종족이 있었다고 하여 중국에서 '구이'로 총칭했는데, 이때의 '이(夷)'라는 글자는 '큰 대(大)'자와 '활 궁(弓)'자를 포개놓은 것으로 숙신, 즉 앞에서 본 조선 사람들이 크고 성능이 뛰어난 활을 잘 만들고 잘 쏘는 데서 나온 자랑스러운 이름이라는 것을 다시 한번 기억해둡시다.

지민: 저는 고구려의 시조 주몽대왕이 대단한 명궁이라고 알고 있어요. 명궁이나 활에 얽힌 일화를 들려주세요.

황 소장: 중국의 오제시대 이후 첫 왕조인 하나라 초기에 하나라를 빼앗아 왕이 된 예라는 영웅이 있는데, 역사책에 처음으로 기록된 활의 명수라고 할 수 있죠. 그가 왕이 되기 전 요 임금 시절의 전설적인 이야기가 전하는데, 바로 아홉 개의 태양을 쏘아서 떨어뜨렸다는 거예요. 어느 날부터인가 갑자기 하늘에 열 개의 태양이 나타나 비추면서 날씨가 너무 뜨거워지고 가뭄이 들어 농작물이 타들어가는 안타까운

갑자기 열 개의 태양이 나타나자 요 임금은 활의 명수였던 예에게 태양을 없애라고 명했고, 예는 하나의 태양만 남기고 나머지 아홉 개를 모두 쏘아 없앴다.

일이 생겼다고 해요. 그래서 임금께서 예에게 한 개의 태양만 남기고 나머지는 모두 없애라고 명했어요. 예는 출중한 활솜씨로 태양 속에 있는 까마귀를 쏘아 해를 하나씩 없애고 결국 원래대로 하나만 남겨놓았죠. 또 괴물 같은 짐승들이 도처에 나타나 백성들을 해치자 전국 각지를 다니며 짐승들을 활로 쏘아 죽이는 대단한 공을 세웠다고 해요.

영애: 저는 공자께서 살아 계셨을 때의 활에 관한 에피소드를 들려드릴게요. 공자께서 진나라에 머물 때 어느 날 진

나라 군주가 궁궐 마당에 화살을 맞은 매가 떨어져 있는 것을 보고 공자를 불러 물었어요. 공자는 그 화살이 숙신, 즉 고조선의 화살이라 설명하면서 화살 맞은 매가 국경을 넘어 날아온 것이라고 했죠.

그리고 그 화살은 진나라 군주가 보관하고 있던 대대로 가보로 내려온 화살과 같은 것이었어요. 옛날 주나라 초기에 무왕의 딸이 진나라 군주에게 시집갈 때 무왕이 축하 선물로 준 것이 전해 내려온 것이죠. 이처럼 우리 동이족의 활과 화살은 뛰어난 성능을 가졌기에 당시 중국에서 매우 귀한 물건으로 취급했어요. 한 가지 부연해서 설명하자면 당시 진나라에 날아온 매는 가까운 고조선에서 활을 맞고 온 것이므로 고조선이 대륙의 산동성 지역에 있었다는 사실도 보여주는 것이죠.

보미: 영애 언니의 알기 쉬운 이야기를 들으니까 공부도 쉽게 되는 것 같고 매우 유익했어요. 세호 오빠도 활에 관한 재미있는 이야기가 있으면 들려주세요.

세호: 저는 신라 문무대왕 때의 일화를 소개할게요. 당나라 태종이 신라에 활 만드는 전문가를 보내달라고 요청해

서 신라에서 활 만드는 관리를 보내주었어요. 그런데 당나라에 가서 활을 만들고 시험을 해보니 거리가 신라 활의 10분의 1밖에 안 나가는 거예요. 활을 만드는 재료가 신라와 달라서 성능이 떨어졌던 것이죠.

그래서 신라에서 모든 재료를 가져와 다시 만들고 시험해보았지만 그래도 성능이 나아지지 않았어요. 바다를 건너 먼 길을 오는 동안 재료인 목재 등이 습기 등으로 성질이 변했기 때문이라는 신라 관원의 설명에 태종은 매우 화가 났지만 어쩔 수 없었다는 이야기예요. 활은 당시 첨단 무기였는데 국가 차원에서 그 제조 비법을 잘 지켜내려던 것을 알 수 있어요.

황 소장: 활에 얽힌 우리 조상들의 이야기가 재미있었나요? 이제 다시 대륙의 고조선 이야기로 돌아오면, 숙신이 곧 조선이고 그 거수국(제후국)들을 중국인들이 총칭해 구이라고 불렀다는 사실은 앞에서 이야기했죠. 조선이 이렇게 큰 나라로서 2천 년이라는 장구한 기간을 지속하다 보니 세월이 지나면서 중국에서는 서쪽의 거수국들은 서융, 북쪽의 거수국들은 북적, 동쪽의 거수국들은 동이라 하여 방위별로 구분해 불렀어요. 그러다 보니 나중에는 동이만이 우리 민

족인 것처럼 되었는데, 매국사학자들은 중국 동해안 지역에 있던 이 동이마저 우리의 조상이 아니라고 우기는 것이죠.

매국사학자들은 이와 같은 문헌 기록은 무시하고, 나아가 청동기시대 유적 중에서도 만주 지역의 유적은 무시하고 한반도의 유적만을 가지고 고조선을 논하며 그 시기가 서기전 10세기를 넘지 않는다고 주장해오고 있어요. 그렇기 때문에 단군을 신화적 인물로 취급해야만 고조선의 연대를 1,300년이나 깎아내릴 수 있는 것이죠. 그러나 한반도에서도 서기전 25세기의 청동기시대 유적이 경기도 양평군과 전남 영암군의 두 곳에서 발견되었어요. 문제는 기존의 학계에서 이런 사실을 모른 척하며 자기들의 그릇된 주장을 계속하고 있다는 것이죠.

연아: 한반도와 만주에서 2천 년 동안 번영했던 조선의 문화적 수준은 어떠했는지 구체적으로 알고 싶어요. 학교에서는 고조선의 경제, 사회, 문화 등에 대해 아무것도 가르쳐주지 않거든요.

황 소장: 아주 좋은 질문이에요. 학교에서 아무것도 가르쳐줄 수 없는 이유는 이병도 이후 매국사학자들이 고조

선의 영향력을 약화하는 데만 초점을 맞추고 그 우수한 문화에 대해서는 전혀 연구하지 않았기 때문이에요. 이제 여러분 모두 나의 이런 말이 지나친 것이 아님을 알 것이라고 믿어요. 구체적으로 말하면 이병도는 한나라에서 우리를 지배하기 위해 두었다는 한사군의 50개나 되는 현들이 한반도 북부에 어떻게 분포했는지를 엉터리로 밝히는 일에 모든 정성을 쏟았을 뿐, 고조선의 문화에 대해서는 아무런 관심도 없었어요. 한사군의 뛰어난 철기 문화가 이 땅에 유입되어 우리 민족이 비로소 야만적인 상태에서 벗어나게 되었다는 식으로 외세에 의한 지배를 찬미하기에 바빴죠. 중국의 청동기나 철기 문화가 우리보다 훨씬 빠르고 앞섰다는, 심지어 1,300년이나 빠르다는 전제 아래 펴는 근거 없는 주장일 뿐이었어요.

그러나 실제로는 그 반대로 우리의 문화가 더 빠르고 수준이 높았다는 사실을 밝힌 분이 있는데, 그분이 바로 윤내현 교수님이에요. 윤 교수님은 고조선의 선진 경제, 사회, 문화의 모든 측면을 세밀하게 분석해『고조선 연구』라는 대작을 내셨어요. 그 연구 내용 중 하나가 고조선의 청동기시대는 중국보다 무려 수백 년이나 빨랐다는 것이니, 이병도가 중국의 선진 문화 운운한 것이 아무런 구체적 연구도 없이 뇌까린 새빨간 거짓임이 드러난 것이죠.

영수: 이제 고조선이 선진 문화를 가진 대국이었음을 어느 정도 알게 되었다고 생각합니다. 지금부터는 고조선의 사회적·문화적 측면에 대해 알아보는 시간을 갖도록 할게요. 먼저 고조선의 중요한 풍속과 관련해 규현이의 설명을 듣겠습니다.

규현: 고조선 사람들은 하늘의 자손, 즉 천손이라는 생각을 가지고 있었기 때문에 농사짓는 시기나 외국과의 전쟁 등 중요한 문제를 해결하기 위해 하늘에 제사하는 것, 즉 제천행사를 가장 중요하게 여겼어요. 그런데 고조선에는 많은 거수국들이 있었고, 나라마다 행사의 시기와 이름이 달랐죠.

교과서에도 나오듯이 부여에서는 12월에 하늘에 제사를 지냈으며 이것을 영고라고 했는데, 북을 쳐서 맞아들인다는 뜻이죠. 또 예국에서는 10월에 제사를 지내며 이름을 무천이라고 했으니, 이는 춤으로 하늘을 맞이한다는 뜻이에요. 그리고 고구려에서도 같은 10월에 추수를 감사하는 제사를 지냈는데, 이를 동맹이라고 불렀어요. 한편 남쪽의 한국에서는 5월과 10월 두 차례 농사일을 끝낸 후 제사를 각각 지냈다고 해요. 그런데 재미있는 것은 이 모든 제사가 엄숙하게 진행된 후에는 온 백성들이 축제를 벌여 여러 날 동안 밤낮없이 먹고 마실 뿐 아니라 노래하고 춤추며 즐겼다는 것이죠.

보미: 우리 조상들이 밤낮없이 노래하고 춤을 추었다는 사실은 오늘 처음 알았어요. 우리 민족이 흥이 많고 신명나게 잘 노는 것으로 알려져 있는데, 그것이 결코 우연이 아니라는 거잖아요? 제가 생각하기에 최근에 한류 문화, 특히 K-pop과 춤이 전 세계로 퍼져나가고 있는 것은 우리 조상들로부터 물려받은 흥과 창조적 유전자 덕분인 것 같아요. 아이돌 가수들이 훌륭한 가창력과 절도 있고 신명나는 군무를 통해 전 세계의 젊은이들에게 활력과 감동을 주는 것을 보면 같은 한국인으로서 너무나 뿌듯해요.

윤아: 저는 한국에서 수십 년 동안 살아온 미국인이 인터넷에 '한국의 장점 20가지'에 대해 올린 것을 보았는데, 그 중 '한국 여성이 세계에서 가장 아름답다'라는 부분에 대해 충격도 받고 또 감명도 받았어요. K-pop이나 한국 드라마 등에 보이는 한국 여성의 외모뿐만 아니라 그들의 패션 스

타일이나 화장법 등 많은 요소가 결합해 이런 느낌을 갖게
한 것이 아닐까요? 어찌 되었든 한류의 급속한 세계적 확산
은 우리의 미래를 밝게 전망하게 하는 중요한 요소라고 생
각해요.

지민: 지금의 한류는 우리 민족이 가진 저력을 명백하게
보여주는 것인데도 우리 학생들이 그 이유가 무엇인지에
대해 학교에서 배운 적이 없다는 것은 큰 문제 같아요. 저는
부모님 세대에서 '한강의 기적'이라는 경제 성장과 정치적
민주화라는 두 가지 중요한 과제를 단기간에 이루어냄으로
써 그 결과로 오늘날의 한류가 세계에 확산되고 있다고 생
각해요. 그런데도 그에 대해 자긍심을 갖기보다는 알게 모
르게 한국인에 대해 스스로 부정적 이미지를 지우지 못했
다고 생각해요.

그 근본적 원인은 무엇보다 역사 교육이 잘못된 데 있는
게 아닐까요? 부모님 세대나 지금의 우리 모두 낙후되어 있
던 한국의 역사가 외국의 지배를 받아 문명화되었다고 배
우고 있으니 어찌 민족적 자긍심이 있을 수 있겠어요? 우리
고대의 위대한 역사를 하루빨리 되찾는 일이 지금 대한민
국에서 가장 시급한 문제라고 확신해요.

정연: 학생들에게 민족적 자긍심을 불어넣을 수 있는 새로운 국사 교과서들이 하루빨리 만들어지도록 민족사학자들께서 더욱 노력해주시기를 당부하고 싶어요. 최근 방탄소년단이 미국 빌보드 차트에서 여러 주 연속으로 1위를 휩쓸면서 20세기의 비틀스를 능가한다는 평을 받고 있고, 유엔 홍보대사로 임명되어 유엔총회에서 연설도 했는데, 이는 올림픽에서 금메달을 따거나 국제 음악 콩쿠르에서 수상한 것만큼이나 높이 평가받아야 할 일이라고 생각해요. 이런 방탄소년단의 사례와 각종 한류의 장점들을 분석해서 우리 민족의 우수한 역량을 제대로 교육하면 좋겠어요.

황 소장: 오늘 여러분의 대화를 들으니 얼마나 성숙한 의식을 가지고 있는지 충분히 깨닫게 되고, 우리 어른들이 이 나라의 밝은 미래를 위해 심기일전해 젊은 학생들을 뒷받침해야겠다고 절실히 느끼게 되는군요. 내가 여기서 한 가지 덧붙이고 싶은 것은 바로 오늘의 우리 사회가 옛날 고조선시대의 사회와 많이 닮았다는 자긍심이에요. 고조선에는 법으로 금하는 8조의 범죄 행위가 있었지만, 사람들이 법을 잘 지키고 도둑도 없어 대문을 닫지 않고 살았다고 해요. 지금 우리 사회에서도 이 정도까지는 아니지만 길거리에서

남의 물건을 훔치는 일은 드물다고 보는데, 이런 점은 어떻게 생각해요?

보미: 한국에 온 외국인들이 인터넷에 올린 내용들을 보면, 다른 나라에서는 비록 선진국이라 해도 소매치기 등이 있어 안심을 못 하는데 한국에서는 커피숍 같은 데서 핸드폰이나 카메라 같은 고가의 물건을 방치해두어도 가져가는 사람이 없다는 사실에 놀라는 경우가 많아요. 이런 외국인들의 긍정적 평가에 대해서는 자부심을 가져도 좋을 것 같아요.

영수: 오늘날 명실상부하게 선진국의 일원이 된 대한민국처럼 고조선시대에도 문화, 예술은 물론 과학 기술 수준도 매우 앞서 고대 한류를 널리 전파했을 텐데, 소장님께서 몇 가지만 간단히 알려주시면 좋겠어요.

황 소장: 고대 동아시아의 문화는 거의 대부분 우리 민족에게서 나온 것인데, 중국의 학자들 중에도 이런 사실을 솔직하게 인정하는 사람들이 있어요. 이를테면 필장복은 『중국인종북래설』이라는 책에서 중국 사람들이 원래 북쪽의

우리 민족에서 비롯되었다고 하면서 동방 인종의 오행 관념도 동북아에서 창시되었다고 말했죠.

또 서량지는 『중국사전사화』라는 책에서 이렇게 말했어요. "중국에서 이용하는 농업 달력의 가장 오랜 근원은 멀리 동이족에서 만들어졌고, 중국의 허다한 악기와 춤은 모두 동이가 창조한 것이며, 동이족인 순 임금은 음악의 대가였다."

악기와 춤이 원래 우리 민족에게서 나왔다니, 앞에서 여러분이 지적했듯이 고대로부터 한류가 이웃 중국으로 퍼져나간 것이죠.

고조선의 과학 기술을 보면 천문 지식이 발달해 달력을 만들고 그에 따라 농업 기술도 매우 발달했으며, 청동기 기술과 함께 특히 제철 기술도 세계에서 가장 앞섰다고 하는데, 서양에서는 이보다 천 년이나 늦은 14세기에야 강철을 만들었다고 해요.

준호: 이런 이야기를 학교에서 들어본 적이 없고 오늘 처음 듣는데, 너무나 감격스러우면서도 진작 알지 못해 가슴이 많이 아프네요.

영수: 저도 마찬가지예요. 오늘 유익한 정보를 많이 얻을 수 있어서 다들 즐겁고 뿌듯했으리라 믿어요. 그럼 다음 시간에 다시 만나기로 해요.

제7장

구이와 동이

규현: 여러분, 반갑습니다. 오늘의 주제는 구이와 동이로, 이는 모두 우리 민족을 중국에서 불렀던 이름입니다. 어쩌면 여러분은 동이라는 말은 들어봤어도 구이라는 말은 생소할지도 모르겠어요. 그러나 역사적으로 보면 동이 이전에 구이라는 말이 먼저 있었어요. 그럼 중국에서 왜 우리를 '이'라고 불렀는지 먼저 살펴볼까요?

'이(夷)'라는 글자는 '큰 대(大)'자와 '활 궁(弓)'자를 합한 글자인데요, 이는 숙신씨, 즉 조선의 큰 활 때문에 쓰이게 되었다고 해요. 큰 활을 써야만 화살과 돌촉을 멀리 보낼 수 있는데, 숙신은 이런 큰 활을 능히 만들고 사용할 줄 알았던 것이죠. 즉 중국에서 조선의 발전된 문물을 부러워하며 경외하는 뜻에서 쓴 글자인 겁니다.

그러므로 이의 뜻도 원래 조선인의 착한 성품을 따라 '착하다'는 뜻으로 인(仁)과 같다고 했으며, 동방의 사람이라는 뜻이 아니라고 했어요. 즉 중국의 옛 기록을 보면 "남이, 동이가 26방에 보인다"라고 하여 우리 민족이 중국의 남쪽과 동쪽에 수없이 많았던 사실을 알 수 있으며, 있는 방향에 따라 '이'자 앞에 방향을 붙였으니 서이와 북이도 있었죠.

중원으로 흔히 표현되는 중국의 땅이 사방 천 리 정도로 별로 넓지 않았기 때문에 그 사방 바깥에 모두 우리 민족이 있었던 사실을 알 수 있는 것이죠. 그러나 춘추시대 이후부 터는 역사가들이 사방의 이를 같은 이로 부르지 않고 동쪽은 동이, 서쪽은 서융, 남쪽은 남만, 북쪽은 북적으로 따로 구분해 부르기 시작했죠.

중국 책에 기록된 구이를 보면, 견이, 우이, 방이, 황이, 백이, 적이, 현이, 풍이, 양이 등이 있는데, 이들은 중국의 서쪽에 있던 견이로부터 차례대로 동쪽으로 중국 북쪽 지역을 이동해 마지막에는 중국 동쪽에 있는 양이에 이르고 있죠. 이들의 지역적 범위를 보면 지금 중국의 서북쪽 끝인 섬서성으로부터 그 동쪽의 산서성과 또 그 동쪽의 하북성과 산동성 등의 발해 연안에까지 이르는 매우 광범위한 지역에 해당하는 것을 알 수 있어요(〈지도 2〉 참조). 또 앞서 본 대로 더 동쪽인 만주의 동북 삼성까지의 영토를 포함하면 중국의 북쪽으로부터 동북쪽 끝까지와 한반도까지 모두 우리 민족의 땅이었음을 알 수 있죠.

황 소장: 이제 구이의 유래를 알아보기로 할까요? 단재

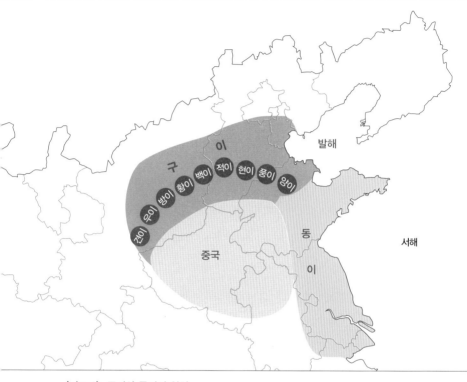

〈지도 2〉 **구이와 동이의 위치**

구이는 중국 서쪽의 견이로부터 북쪽의 우이 등으로 이어져 동북쪽의 현이, 풍이, 양이에 이르렀다. 한편 동이는 중국 동쪽의 이족만을 지칭한 말로, 여기에는 엄, 서, 조이, 래이, 우이, 회이, 영, 육 등 수많은 나라가 있었다.

신채호 선생은 고조선에 구부가 있었다면서 그 이름을 나열하셨어요. 즉 청부(또는 남부), 적부, 백부, 현부, 황부, 견부, 우부, 방부, 양부라고 했죠. 이 가운데 청부와 양부를 뺀 칠부의 이름은 구이 가운데 풍이와 양이를 뺀 칠이의 명칭과 완전히 같아요. 이렇게 약간의 차이는 있지만 결국 중국에서 조선 구부의 각 나라 이름을 가지고 구이라고 부른 사실을 알 수 있어요.

이 구이를 나라 이름으로 설명한 대표적인 것으로는 현토, 낙랑, 고구려 등이 있는데, 이 중 현토와 낙랑은 한나라 무제가 위만조선의 땅에 속했던 나라에 군으로 설치한 곳으로 북경과 천진 부근임을 이미 보았죠?

이제 고구려에 대해 간단히 알아보겠는데, 주몽대왕이 고구려를 세우기 천 년 전에는 원래 고죽이라는 나라였어요.

고죽국에 대해 알아보기 전에 먼저 백이와 숙제 형제에 대해 알려줄게요. 그들은 중국의 은나라 말기와 주나라 초기인 서기전 12세기에 고죽의 왕자였는데, 맏이가 백이, 셋째가 숙제였어요. 그들의 아버지인 왕이 왕위를 숙제에게 주려 하자 형 백이는 중국으로 도망가버렸어요. 그런데 아버지가 죽자 숙제도 왕이 되기 싫다며 형에게로 가고 가운데 왕자가 왕위를 이었죠.

백이   숙제

백이·숙제 형제는 주나라의 무왕을 찾아갔으나, 그가 부왕의 상중임에도 전쟁에만 매달려 있는 것을 보고는 불의한 사람이라 생각해 주나라의 곡식을 먹지 않기로 결심하고 수양산에 숨어 고사리를 캐 먹다 굶어 죽고 말았어요. 성인 공자가 그들의 어질고 의로운 행적을 극찬했기 때문에 사마천이 『사기』「열전」에 그들을 중국 역사상 첫 번째로 전기를 써놓았죠.

사마천이 이렇게 한 것은 고죽국을 중국의 제후국으로 왜곡해 그들을 중국인으로 만든 것이며, 삼황오제의 경우와 다를 바 없어요. 그러나 고죽국에 대해서는 조금 뒤에 들려주겠지만 중국에서 고죽과 전쟁을 한 것을 보면 고죽이 중국의 제후국이 아니라 동이의 나라임이 드러나죠.

윤아: 백이·숙제 형제가 어질고 의롭다고 칭송받았다지
만 요즘 세상에는 착하고 의로운 사람은 흔히 바보나 융통
성이 없는 인간으로 취급당하는 경우가 더 많은 것 같아요.
사마천도 6백 년 전에 살았던 공자의 생각과 전적으로 같았
는지 궁금하네요.

황 소장: 좋은 질문이에요. 답하기 전에 먼저 백이가 죽
기 전에 부른 〈채미가〉를 들려줄게요.

저 서산에 올라 고사리를 캐네.
무왕은 폭력으로 폭군을 바꾸었네.
그는 자기의 잘못을 모르는도다.
신농, 우, 하의 시대는 갑자기 사라졌도다.
우리는 어디 알맞은 곳으로 돌아가야 하나?
아아, 이제는 죽어갈 뿐, 생명도 쇠약하도다.

사마천도 유교주의자로 원칙적으로 공자에게 동의했지
만, 이 노래를 언급하고는 이런 의문을 표했어요.

"이 노래로 미루어 본다면 원망한 것인가, 원망하지 않은 것인가? 백이와 숙제 같은 사람은 착한 사람이라고 할 수 없는가? 그들은 이처럼 어진 덕망을 쌓고 행실을 헤아렸건만 굶어 죽었다."

이제 그들이 동이족이라는 사실을 확인해보기로 해요. 그들의 노래에 신농, 우, 하를 언급한 것이 바로 그 증거예요. 즉 신농씨는 삼황의 한 분으로 우리가 이미 알고 있죠. 우나라는 흔히 순 임금의 나라로 알려져 있지만 실제로는 신농씨 이후 오제시대의 나라 이름이에요. 그리고 하나라도 역시 동이임을 이미 알게 되었잖아요? 고죽국의 왕자로서 자기들의 조상에 대해 잘 교육을 받아 알고 있기에 이런 노래가 나오는 것인데, 이런 놀라운 사실을 또 낙빈기라는 학자가 『금문신고』에서 밝혔으니 이 또한 얼마나 놀라운 일인지…….

고죽국에 대해 두 번째로 살펴볼 이야기는 춘추시대의 일인데, 이에 대해서는 세호 학생이 준비했어요.

세호: 서기전 7세기 후반에 주나라의 제후국인 제나라의 지도자 환공은 주나라의 왕권보다 더욱 센 실질적인 패권을 쥔 인물이었어요. 당시에 산융이라는 나라에서 연나라를

공격하자 연나라의 이웃인 제나라의 환공이 지원병을 이끌고 가 산융을 물리치고 내친김에 영지와 고죽까지 공격하고 왔다는 이야기가 전하죠.

이러한 환공의 대외적인 업적에 대해서는 『사기』의 여러 곳에 그 내용이 나오지만, 『관자』라는 책에도 세 군데나 관련 기사가 있어요. 그중 하나는 "북쪽으로 산융을 치고 영지를 제어하며 고죽을 베자 구이가 듣기 시작했다"라는 기록이에요. 세 나라를 치니 구이가 듣기 시작했다는 것은 이 세 나라가 모두 구이에 속했다는 사실을 명확히 드러내는 것이죠. 그리고 제나라가 산동반도 지역에 있었는데 북쪽으로 세 나라가 있었으므로 고죽 등은 모두 지금의 북경 부근이나 하북성에 있었음이 드러나고 있어요.

그런데 고죽, 산융, 영지를 쳤다는 많은 기록이 모두 '산융을 쳤다', '고죽에 이르렀다'와 같이 한 단어로만 표시되어 있을 뿐, 구체적인 병력이나 장군의 이름, 싸움의 경과 등에 대해서는 아무것도 기록된 것이 없기 때문에 그 전과를 도무지 믿을 수가 없다는 것이 큰 문제예요. 만약 환공이 크게 싸움에 이겼다면 중화식의 춘추필법에 의해 크게 미화하고 매우 상세하게 기록했을 것이 틀림없거든요. 그러니까 결론적으로 쳐들어온 산융을 물리친 것은 사실인 것 같지만 나머지 영지나 고죽에 대한 기사는 불확실한 것으로 볼 수밖에 없으며, 패자로서의 환공의 위치를 과시하기 위해 임의로 집어넣은 것이라 보는 편이 적절하다는 것이죠.

반면에 우리의 기록인 『단군세기』를 보면 "단군께서 연나라를 정벌케 하니 제나라의 지원군이 쳐들어왔으나 우리의 복병에 걸려 전세가 불리해지자 화해를 구걸하고 물러갔다"라고 되어 있어요. 그러므로 중국 기록에서 '고죽에 이른 후 돌아왔다'는 등으로 패전한 사실을 교묘히 감춘 것을 알 수 있어요.

지민: 구이의 대표 격인 고죽국에 관한 소장님과 세호 형의 설명을 들으니 고대 우리 민족의 높은 정신문화와 강한 군사력을 새삼 느끼게 되네요. 중국에서 사방의 구이라는 표현 대신 '동해바다 쪽의 이'라는 뜻으로 축소해 부른 동이에도 조이, 우이, 래이, 도이, 회이, 서이 등 수많은 이족들이 있어 중국과 대륙의 땅을 쟁패해왔던 것이 엄연한 역사였어요. 그런데도 국사 교과서를 보면 구이나 동이라는 단어 자체가 단 한 번도 나타나지 않아요.

우리의 찬란한 역사와 문화를 모두 지워버려 그 모습을 모르게 하려는 매국사학자들의 악질적인 의도 때문이죠.

대표적인 고조선 연구가라는 서울대학교의 송호정 교수는 "동이라는 종족은 산동반도 일대의 조이, 래이, 우이, 회이 등 여러 오랑캐를 포괄하는 개념이었다"라고 말했어요. 오랑캐는 이민족을 얕잡아 부르는 말인데, 우리 민족의 조상인 동이를 이렇게 오랑캐로 깎아내리는 못된 짓을 하며, 서울대학교로 옮기기 전의 한국교원대학교에서 국사 선생님이 될 학생들을 가르쳤던 것이죠. 동이가 우리의 선조라는 사실은 상식이 되어 있는데, 『후한서』「동이열전」에 부여, 고구려, 한, 예 등 우리 민족의 나라들의 역사를 실어놓았기 때문이죠.

송호정은 또 이렇게 거짓 주장을 펴고 있어요.

"『후한서』이후의 기록을 보면 동이족은 고조선, 부여, 고구려, 선비, 말갈 등 철기시대 이후에 만주 전역에서 활동한 종족이나 국가를 가리키는 개념으로 사용되고 있다."

어떻게 하든 동이족은 한반도의 바깥에만 있었다고 강변하고 있죠. 하지만 자기들이 한반도에 있었다고 주장하는 고구려, 백제, 신라, 삼국과 옥저, 동예 등 모든 나라들이 중국 역사책에 동이로 분류되어 있으니, 이 얼마나 터무니없는 사기극인지 국민들 모두가 똑똑히 알아야 해요.

연아: 지금까지는 만주 일대가 우리의 옛 영역인 줄 알았는데 오늘 중국의 북쪽과 동쪽까지 모두 우리의 영역이었다는 놀라운 사실을 알게 되니 옛 배달국과 고조선의 실체에 대해 한없는 자긍심을 갖게 되네요. 당시 동북아시아의 거의 전부를 석권했으니까요.

규현: 그렇게 막강한 우리 민족이었기에 『후한서』「동이열전」의 서문에는 이렇게 써놓았어요.

"『예기』에 이르기를, '동방을 이라고 한다. 어질고 생명을 좋아해 만물이 땅에 기반을 두고 난다. 따라서 천성이 유순하고 도로써 다스리기 쉬워 군자국, 불사국이 있기에 이르렀다. (……) 그러므로 공자도 구이에 살고 싶어 했다'라고 한다."

우리 민족의 좋은 성품과 훌륭한 나라들을 언급하고, 성현으로 추앙받은 공자까지도 구이 땅에 살고 싶어 할 정도였음을 보여주고 있죠.

이제 구이와 같은 것이지만 후세에 중국에서 그 범위를 축소해 부른 이름인 동이에 대해 알아보기로 하죠. 이에 대해서도 먼저 『설문해자』 '이(夷)자'조의 설명을 보겠습니다.

"대개 땅에 있는 사람들이 자못 순리의 성품이 있다고 말하나 오직 동이는 큰 것을 좋으니 대인이다. 이의 풍속이 인자하니 인자한 자는 오래 산다. 그러므로 군자국, 불사국이 있다. 살피건대 그곳은 하늘이 크고 땅도 크며 사람 또한 크니 (大자는) 사람의 형상을 말한 것이다."

이 내용도 조금 전 소개한 내용과 거의 같은 것이지만, 하늘과 땅은 물론 사람들도 크다는 매우 좋은 표현을 더하고 있다는 점에서 우리에게는 더욱 감동이라 할 수 있겠죠.

보미: 땅이 크다고 한 것은 중국에 비해 볼 때 그렇다는 것으로 생각되는군요. 이 한마디만 보아도 고조선의 강역이 북한 지역에 불과했다는 매국사학의 터무니없는 주장은 빛을 잃고 마네요. 참 역사를 공부할수록 국사 수업이 지겨웠던 것과는 180도 달리 너무나 흥미 있어요.

지민: '큰 대'자가 사람의 형상에서 나왔다는 점도 흥미 있는데, 팔을 벌리고 서 있거나 누운 모습에서 나온 것 같군요. 어쨌든 당시 우리가 중국인보다 체격이 컸기 때문에 이런 표현이 나오지 않았을까 생각해요. 오늘날에도 우리 국민들이 중국인이나 일본인보다 키가 크고 체격이 좋은 데는 유전적인 측면이 작용하는 것 같아요.

그런데 앞서 신농씨 시대부터 글자를 새기기 시작했다고 했잖아요? 그렇다면 동이족인 신농씨가 사용한 원시적인 한자도 결국 우리가 만든 것이겠네요?

황 소장: 좋은 지적들을 하는 것을 보니 여러분의 식견이 날로 향상되고 있다는 생각이 들어 나도 큰 보람을 느껴요. 동이의 하늘과 땅이나 사람이 모두 크다는 표현은 물리적인 부분만을 의미한 것이 아니라, 정치, 경제, 사회, 문화 등 모든 분야의 선진적인 모습을 총체적으로 묘사한 내용으로 보아야 옳아요.

이런 의미에서 단군왕검 시절에 앞선 문물을 중국에 전해준 사례를 하나 소개할게요. 당시 중국은 오제의 마지막인 순 임금 때였는데, 그 전인 요 임금 때 9년간의 대홍수를 당해 피해가 극심했기에 산과 물을 다스려 피해를 줄이고 복구하는 일이 매우 절실했어요. 물론 조선에서도 전에 홍수를 당했으나 이에 잘 대처할 수 있어 큰 피해를 입지 않았죠.

그래서 단군께서 태자인 부루를 중국에 보내 중신인 우를 만나 조선의 비법인 오행치수법이 적힌 책과 홍수를 다스렸던 여러 장비들을 전해주었고, 그 덕에 성공적으로 산과 물을 다스리게 되었어요. 우는 산천을 다스린 큰 공으로 훗날 왕이 되었는데, 그가 중국의 첫 왕조인 하나라의 시조죠. 그리고 우 임금이 죽을 때도 태자 부루를 도산에서 만났던 인연을 못 잊어 그곳에 묻어달라고 했다고 해요.

오늘도 많은 새로운 사실들을 알게 되는 시간이 되었기를 바라며 여기서 마치도록 하겠습니다.

제8장

대륙을 무대로 한
열국의 역사

연아: 역사랑 여러분 다시 만나서 반갑습니다. 오늘은 고조선이 막을 내리고 그 안의 여러 나라들이 모두 독립해 각축한 이후 고구려, 백제, 신라의 삼국이 다투던 시기까지 열국시대의 역사를 큰 줄거리를 중심으로 알아보도록 하겠습니다. 먼저 제가 부족하나마 준비해 온 내용을 말씀드리겠습니다.

오늘 논의할 내용은 크게 두 가지인데, 하나는 고조선을 이은 여러 나라들이 한반도가 아니라 대륙에서 활동했다는 거예요. 다른 하나는 고구려, 백제, 신라 등 삼국이 건국된 서기전 1세기부터 바로 고대 국가 체제를 갖추었다는 사실인데, 이에 대해서는 매국사학자들이 그 시기를 백 년 이상 늦추어 보는 잘못된 관점을 지적하고자 해요.

첫째, 고조선이 붕괴된 후 일어난 여러 나라들은 옛 고조선의 강역에 그대로 남아 있었기 때문에 그곳이 지금의 중국 대륙이 되는 것은 너무나 당연한 일이에요. 그중 대표적인 나라는 부여로, 고조선의 적통을 이은 가장 강한 나라였어요. 부여는 중국 연나라의 북쪽에 있어 지금 중국의 하북성 북부로부터 내몽골자치구 지역에까지 이르렀다고 해요(〈지도 3〉 참조).

후에 주몽대왕이 부여의 가장 남쪽에 있던 졸본부여에 이르러 나라를 세우고 고구려라고 했는데, 그 위치는 지금 중국의 수도인 북경 바로 북쪽에 있었어요. 이런 사실을 알 수 있는 근거는 고구려의 4대 모본대왕이 서기 49년에 중국의 우북평, 어양, 상곡 및 태원군을 침입했다는 사실이죠. 이 지역들은 모두 지금의 북경 서남쪽의 내륙 지역으로 고구려에서 멀지 않은 곳이었기 때문에 침입이 가능했던 거예요. 그러나 만약 학교에서 잘못 가르치고 있는 대로 고구려가 압록강 바로 북쪽에 있었다면 이 지역들에 가려면 중국 땅을 2천 킬로미터나 통과해야 하기 때문에 그렇게 침입하는 것이 도저히 불가능하죠(〈지도 3〉 참조).

처음 졸본에 도읍했던 고구려는 뒤에 두 곳의 평양에 도읍했다고 기록되어 있는데, 지금부터는 이에 대해 알아보겠습니다. 먼저 서기 246년 위나라가 침입하자 동천대왕이 도읍을 평양성으로 옮겼는데, 그곳은 고조선 단군왕검의 도읍이었으며 중국에서 왕험이라고 하는 곳으로, 중국과의 경계인 패수의 동쪽으로 만주 지역이었어요.

그 후 장수대왕이 또 다른 평양성으로 옮겨 고구려의 마

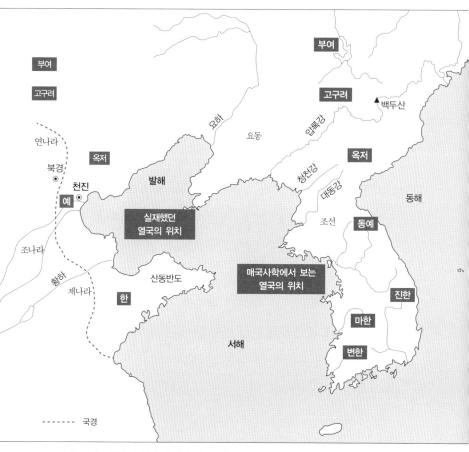

〈지도 3〉 열국의 실제 위치와 매국사학의 입장 비교

열국의 실제 위치는 발해만을 중심으로 남쪽과 북쪽의 대륙 일대였으나, 매국
사학에서는 이를 모두 한반도를 축으로 한 곳으로 옮겨버렸다.

지막 도읍이 되었는데, 이 평양에 대해 김부식은 그곳이 "북한 지역의 평양(고려 때의 서경)인 것 같고 패수는 대동강"이라고 했으나 이는 모두 잘못이에요. 만약 패수가 대동강이라면 중국과의 국경인 패수의 남쪽에 평양이 있어야 하는데 평양은 패수의 동쪽에 있었기 때문이죠.

이러한 상황은 612년에 수나라 양제가 고구려에 백만 대군으로 쳐들어왔을 때의 일을 보면 더욱 분명하게 알 수 있어요. 수나라 군대가 만주를 행군해 압록수의 서쪽에 집결해 있을 때 을지문덕 장군이 강을 넘어와 거짓 항복하겠다고 약속한 뒤 다시 돌아갔어요. 수나라에서 속은 것을 알고 추격했는데, "동쪽으로 나아가 살수를 건너 평양성에서 30리 되는 곳에 진영을 펼쳤다"라고 썼어요.

이 상황에서 우리가 알 수 있는 것은 압록수가 지금의 압록강이 아니라 만주를 남북으로 흐르는 지금의 요하였기 때문에 수나라 군대가 그 서쪽에 집결했다는 것이죠. 또 동쪽으로 나아가 살수를 건넜다고 했으므로 살수 또한 남북으로 흐른 강임을 알 수 있으므로 매국사학에서 살수가 동서로 흐르는 청천강이라고 주장하는 것도 거짓임을 알 수 있어요. 끝으로 살수의 동쪽에 평양성이 있었다는 사실을 알 수 있으므로 고구려의 마지막 평양은 북한 지역의 평양이 아니라 지금의 요동 지역에 있었던 것이죠.

한편 수나라의 해군이 발해만의 동북쪽 모서리에 있는 비사성(지금의 해성)에 상륙해 고구려 군사를 물리치고 평양으로 향하려 하자 영양대왕은 두려워 항복을 청하려고 했다고 합니다. 여기서도 알 수 있는 사실은 평양이 북한 지역이 아니라 해성에서 멀지 않은 요동 지역에 있었다는 것이죠. 해성으로 상륙한 것만 보더라도 그곳이 평양에서 가장 가까운 곳이라는 뜻이고, 만약 평양이 지금 북한의 평양이었다면 수나라의 해군은 당연히 대동강 입구로 상륙했겠죠.

지금까지 평양의 위치에 대해 살펴보았는데, 이제는 광개토대왕 때의 고구려의 최대 영토에 대해 영애 언니께 설명을 들어볼게요.

영애: 광개토대왕의 업적에 대해서는 광개토대왕릉비문에 잘 나타나 있으나, 『삼국사기』에는 장수대왕이 아버지 광개토대왕을 위해 비석을 세운 일도 기록하지 않았을 뿐만 아니라 비문에 새긴 주요 업적도 거의 대부분 기록하지 않았어요. 왜 김부식이 고구려나 백제의 영광된 역사를 제대로 싣지 않고 왜곡했는지 먼저 살펴볼게요.

광개토대왕은 359년에 과려족을 멀리 원정해 과부산과

압록강 북쪽 집안에 있는
광개토대왕릉비

부산을 지나 염수에까지 이르렀어요. 단재 신채호 선생은
『조선상고사』에서 중국의 기록을 인용해 과부산은 지금의
북경 부근의 음산산맥의 와룡이고, 부산은 중국 서쪽 감숙
성 서북의 아랍선산이라고 했으며, 『몽고지지』에 의하면 염
수에는 염분이 함유된 호수나 강이 많다고 언급했어요. 『삼
국사기』에는 '과려'에 대한 기록은 없고 대신 '거란'에 관해
기록했는데, 신채호 선생은 당시 거란은 모용씨나 우문씨
등으로 불러 거란이라는 명칭이 나올 수 없다면서 대왕이

정벌한 과려는 흉노족의 후예인 몽골이라고 설파했죠.

신채호 선생은 또 비문의 내용 중 알아볼 수 없는 것이 많다면서 만주족 사람의 증언에 대해 이렇게 썼어요.

"비석은 오랫동안 풀 속에 묻혀 있었는데 최근에 만주족 사람이 발견했다. 그 비문에서 고구려가 영토를 빼앗은 부분은 모두 칼과 도끼로 도려내져 있었다. 그래서 식별 가능한 문구가 많이 사라진 상태였다. 훗날 일본인이 이것을 차지한 후 영리를 위해 비문을 탁본해서 팔았다. 이때 문구가 깎인 곳에 석회를 바르다 보니 더욱 식별할 수 없게 되었다. 상황이 그렇다 보니 진짜 사실은 삭제되고 위조된 내용이 첨부되었을지도 모른다는 생각도 들었다."

신채호 선생이 지적한 대로 광개토대왕의 과려 정벌은 '고구려 역사상 가장 먼 원정'이었지만, 대왕의 아버지였던 고국양대왕 때 유주자사를 지낸 진이라는 사람의 무덤 벽에 그려진 그림을 보면 고구려가 이미 중국의 옛 군들을 13개나 차지한 대국이었음을 알 수 있어요. 그 그림은 유주 소속의 13개 군 태수들이 자사인 진에게 와서 하례를 올리는 장면으로, 그 군들의 이름은 연군, 범양, 어양, 상곡, 광녕, 대군, 북평, 요서, 창려, 요동, 현토, 낙랑 및 대방군으로 되어 있어요. 이 지역들은 먼 옛날 고조선의 땅으로 점차 중국에 빼앗겨 중국의 군이 된 지역이었지만, 이때는 이미 고구려에서 다시 빼앗은 상태라는 사실을 보여주는 매우 귀한 그림이죠. 그 군들의 위치는 대부분 하북성과 북경 일대지만 대군, 상곡군, 북평군 등은 그 서쪽인 산서성에 있었으므로 당시 고구려의 서쪽 끝이 어디까지였는지 알 수 있어요.

고구려가 이렇게 큰 땅을 가졌기에 많은 중국의 역사서들이 이런 내용을 다양하게 전하고 있는데, 몇 가지 예를 들어볼게요.

"고구려 땅은 사방이 약 2천 리로 그 가운데 요산이 있으니 요수가 발원하는 곳이다."(『양서』)

"고구려의 강역은 동서가 3,100리, 남북은 2천 리이다." (『구당서』)

중국의 외국에 대한 기록은 아주 정확하다고는 할 수 없지만, 이 『구당서』의 기록을 보면 13개 군 지역을 차지한 고구려의 위상이 그대로 드러나 있음을 알 수 있어요.

연아: 설명 감사해요. 이제 부여, 고구려에 이어 다음 나라들을 살펴보면, 옥저는 고구려의 동쪽으로부터 남만주의 바다에 연해 있었고, 예국은 고구려의 남쪽으로 지금의 천진 부근에 있었다고 해요. 예국의 위치를 알 수 있는 사실이

하나 있는데, 그것은 서기전 2세기에 예의 군주 남려라는 사람이 백성 28만 명을 데리고 대거 중국의 요동군에 투항한 일이에요. 당시 지금의 천진에서 매우 가까운 북경 방면의 요동으로 간 것이죠. 이때의 옛 요동은 지금의 압록강 너머의 요동과는 구별해야 해요(〈지도 3〉 참조).

그리고 이 예국을 교과서에서는 동예라고 가르치고 그 위치를 강원도 북부라고 우기지만, 그곳에서 요동, 즉 지금의 압록강 서북쪽까지는 엄청난 거리이기 때문에 수많은 백성을 데리고 도망간다는 것은 불가능한 일이에요. 또한 옛 기록에 예국은 모두 그냥 '예'라고만 되어 있는데 있지도 않았던 '동예'라는 이름으로 부르는 것도 말이 안 되는 이야기죠.

한편 예국의 남쪽인 지금의 산동성 발해 유역에는 한국이 있었어요. 지금 대한민국의 한국은 바로 여기서 기원한 이름이죠. 한국은 마한, 진한, 변한의 세 나라로 이루어져 있었는데, 훗날 진한에서 신라가 건국되었고 마한에서 백제가 건국되었어요. 백제의 온조대왕이 하북성의 고구려에서 남쪽으로 내려와 마한의 동북쪽 땅을 얻어 나라를 세운 것이죠. 그리고 이 한국과 예국이 중국의 동쪽에 인접해 있었기 때문에 진시황 당시나 한나라 초기의 혼란기에 중국 백성 수만 명이 한과 예로 도망해 왔다고 기록되어 있어요. 만약 학교에서 배운 대로 한과 예가 한반도의 동해안 쪽에 치우쳐 있었다면 중국의 백성 수만 명이 바다를 건너 멀리 와야 하는데 그런 일이 가능했겠어요?(〈지도 3〉 참조)

준호: 연아의 설명을 들으니 모든 것이 명쾌해지는군요. 제가 아는 소견을 하나 더한다면 위만이 중국에서 망명 와서 준왕을 몰아냈을 때 준왕은 측근 수천 명을 데리고 바다로 도망했다고 해요. 준왕이 당시 발해의 서북 해안 지역인 천진에 있었으니까 이때 발해 바다를 남쪽으로 건너 도망쳐 다다른 마한 지역이 발해의 남쪽이 됨을 알 수 있어요.

황 소장: 준호 학생이 공부를 많이 했군요. 지금 언급한 그 마한의 땅에서 백제가 건국되었는데, 시조 온조대왕은 준왕의 경우처럼 바다를 건너 마한으로 온 것이 아니라 북경 북쪽의 고구려로부터 육로로 남쪽으로 내려왔어요. 그런데 이병도는 압록강 북쪽의 고구려에서 온조대왕이 남쪽으로 지금의 평안도와 황해도를 지나 한강 부근에 나라를 세웠다고 주장했는데, 이것은 실제 상황과 맞지 않아요. 온조대왕이 "나라의 동쪽에 낙랑군이 있다"라고 말한 것이 『삼

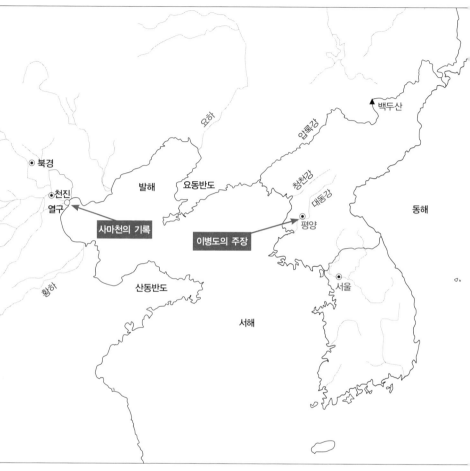

〈지도 4〉 한나라 해군의 위만조선 침입 경로

『사기』에 한나라 해군이 발해로 나아갔다 했는데도 이병도는 이를 황해라 거짓
해석해 그들이 대동강 입구로 들어왔다고 우겼다.

국사기』에 기록되어 있는데, 이병도에 따르면 나라의 동쪽이 아닌 북쪽에 낙랑군이 있게 되는 것이기 때문이죠. 다시말해 역사의 진실은 백제가 발해의 서쪽 내륙에 있고 그동쪽인 발해 서해안의 천진 부근에 낙랑군이 있었다는 것이죠.

낙랑군은 원래 위만조선의 땅이었으나 한나라에서 그 땅을 빼앗아 군을 설치했는데, 한나라에서 위만조선을 공격할때 해군이 발해로 나아가 천진으로 상륙했고 그곳이 후에낙랑군의 열구현이 된 거예요. 그런데 이병도는 한나라 해군이 발해가 아니라 황해를 건너 대동강 입구로 상륙했다고 거짓말을 하며 사료를 조작하는 치졸한 수법을 쓰고 있죠(〈지도 4〉 참조).

지민: 고조선이 붕괴된 이후 열국이 분리 독립하게 되었는데, 그 나라들의 위치는 위만조선의 강역을 통해서 간접적으로 파악할 수 있어요. 그래서 위만조선에 대해 먼저 살펴보려 해요. 조금 전에 소장님께서 말씀하셨듯이 한나라에서 위만조선을 멸하고 낙랑군 등 사군을 설치했을 때 낙랑군은 천진의 발해 연안에 있었어요.

위만조선은 점차 주변의 나라들을 병합해 그 영토가 사

방 수천 리에 이르렀다고 하는데, 동서의 길이는 1,300리(약 510킬로미터)이고 남북의 길이는 2천 리(약 780킬로미터)였다고 해요. 그리고 그곳은 고조선, 고구려, 맥, 동옥저 등 다섯 나라의 땅이었다고 하므로 이 나라들이 발해의 서쪽과 북쪽 해안 지역에 있었다는 사실이 증명되죠. 이렇게 큰 나라였기 때문에 만약에 위만조선이 한반도 북부에 있었다면 그 크기는 아무리 크게 잡아도 실제 크기의 4분의 1을 넘을 수가 없어요(〈지도 5〉 참조).

위만조선의 항복을 받은 한나라는 낙랑군 등 사군을 두는 동시에 항복한 다섯 명의 신하들을 제후로 삼아 봉지를 내렸는데, 그곳은 모두 발해 서북 해안의 남쪽에 해당해요. 즉 낙랑군이 있던 천진의 남쪽에 해당하는데, 방금 이야기한 강역의 크기에 일치하는 지역임을 증명해주는 것이죠.

황 소장: 지민 학생이 발해 연안의 위만조선에 대해 잘 설명했어요. 이제는 삼국, 특히 고구려와 백제의 건국 과정을 알아보기로 해요. 고구려를 세운 주몽대왕은 북부여에서 남쪽으로 도망해 졸본부여에 이르러 비류수 가에 임시로 도읍했어요. 비류수의 '비(沸)'자는 '끓는다'는 뜻인데, 북경 동쪽에 있는 승덕시의 옛 이름이 '열하(熱河)'로 '뜨거운

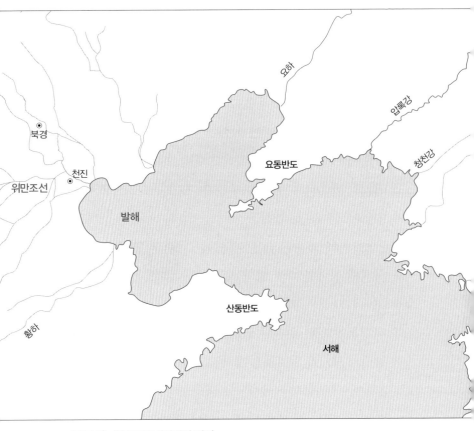

〈지도 5〉 위만조선 전성기의 강역

위만조선은 나라의 동서가 1,300리, 남북이 2천 리에 이르는 큰 나라로, 한반도 북부에는 이런 큰 땅이 없다.

강'이라는 뜻이므로 이곳을 지나는 지금의 난하를 비류수로 볼 수 있어요.

또 졸본에 대해서는 『삼국사기』 「지리」에 "한나라의 현토군의 경계로 지금의 요하 서쪽인 요서 지역에 있다" 하므로 지금 언급한 승덕시와 멀지 않은 곳에서 고구려가 건국된 것을 알 수 있어요.

준호: 고구려의 첫 도읍 졸본이 지금의 요서에 있었다니 새삼 놀랍군요. 교과서에서는 고구려의 전성기에도 요하 동쪽만 차지해 요하가 중국과의 경계라고 가르치고 있는데, 참 기가 막히는군요.

세호: 고구려에 요서라는 지명에 대한 기사가 있는데 내가 설명해줄게요. 6대 태조대왕이 '요서'에 열 개의 성을 쌓아 한나라 군사에 대비했다는 기록이 있어요. 당시 고구려의 요서가 지금의 요하를 기준으로 한 것인지는 모르겠지만, 중요한 것은 고구려가 요서에서 점차 동쪽으로 영역을 확대해왔다는 것이죠. 물론 학교에서는 고구려가 압록강 북쪽에서 일어나 서쪽으로 발전한 것처럼 거꾸로 가르치고 있죠.

영애: 고구려에 대해 살펴봤으니 이제 백제의 건국에 대해 설명해볼게요. 고구려의 주몽대왕은 부인 소서노와 그의 아들인 비류, 온조와 함께 졸본에 있었는데, 그의 첫 부인과 아들 유리가 그곳으로 찾아왔어요. 유리가 고구려의 왕위를 이을 것이므로 비류 형제는 어머니를 모시고 남쪽으로 가 따로 도읍을 세우기로 했는데, 패수와 대수라는 두 강을 건넜다고 기록되어 있어요. 여기서 패수는 중국과 조선의 경계인 강으로 지금 북경과 천진을 지나는 조백하라는 강이며, 대수는 북경보다 남쪽에서 나와 역시 천진으로 흐르는 대방수예요.

『수경』에서는 "패수는 낙랑군 누방현에서 나와 동남쪽으로 임패현을 지나 동쪽으로 바다로 들어간다"라고 했는데, 여기서 중요한 것은 패수가 흐르는 방향이 동남쪽이나 동쪽이라는 사실이에요. 북경 일대에서 천진으로 흐르는 많은 강들은 흐름이 이와 같아요. 그러나 한반도 북부의 압록강, 청천강, 대동강은 흐름이 이와는 반대로 모두 서쪽으로 흐르기 때문에 패수가 될 수 없어요. 그런데도 매국사학자들은 한반도의 강이 패수라고 무조건 우기며 그곳이 중국과의 경계였다고 망발을 계속하고 있죠.

어쨌든 비류와 온조는 북경 부근에서 패수를 건너고 천

진의 서쪽에서 대수를 건너 마한에 도착했어요. 그러므로 그곳은 천진에 있던 낙랑군의 서쪽이 되는 것이죠. 그런데도 이병도는 이 패수와 대수를 북한 지역의 강이라고 우기며 비류 형제가 평안도와 황해도를 거쳐 내려왔다고 주장하는데, 이것은 불가능한 일이에요.

그의 주장에 따르면 당시의 평안도와 황해도는 막강한 한나라의 낙랑군의 통치 지역이므로 비류 일행이 그곳을 통과할 수가 없는 상황이었어요. 이런 사실을 이병도 자신이 너무 잘 알기에, 낙랑군을 지났다고 할 수가 없어 치졸하게도 평안도와 황해도를 지났다고 얼버무려 설명한 것이죠.

온조대왕이 대륙의 패수, 대수를 건너 낙랑군의 서쪽인 마한 땅에 있었기 때문에 『삼국사기』에도 그가 "나라의 동쪽에 낙랑이 있고"라고 말한 기록이 나와요. 만에 하나라도 교과서에 있는 대로 백제가 한반도에 있으려면 평안도 낙랑군의 서쪽인 서해 바다에 있어야 한다는 모순이 발생하는 것이죠.

이와 같이 고구려와 백제가 대륙에서 일어났다면 신라 또한 대륙에서 건국될 수밖에 없어요. 백제와 신라는 이웃해 있었는데, 중국 역사서의 기록을 보면 신라가 백제의 '동남쪽' 또는 '남쪽'에 있다는 표현이 나와요. 이런 상황은 대

류에서의 두 나라를 말한 것이 확실하며, 교과서에서 가르치는 대로 한반도에서의 일이라면 백제의 동쪽에 신라가 있어야 하므로 역사 기록과는 전혀 맞지 않아요.

영수: 영애 누나의 대륙 백제에 관한 설명을 잘 들었는데, 이제부터 대륙 백제의 여러 상황을 살펴보면 좋을 것 같아요. 삼국 중 특히 백제의 역사에 대해서는 『삼국사기』에서 매우 소략하게 다루었으며, 영광되거나 좋은 역사를 누락하는 등 왜곡이 심했어요. 『삼국사기』의 저자 김부식은 신라의 왕성인 김씨로 철저한 유학자였는데, 백제에 대해 매우 적대적인 생각을 가지고 있었어요. 그 이유는 삼국시대의 대부분의 기간 동안 신라보다 백제가 앞서 나가며 많은 전쟁을 치렀는데, 특히 백제의 마지막 의자대왕 때는 신라의 30여 성을 빼앗는 등 신라를 망국 직전까지 몰아붙였기 때문이죠.

이와 같이 『삼국사기』에서 왜곡한 백제의 역사 가운데 먼저 백제 건국의 시조에 대해 알아보려 하는데, 이 부분은 소장님의 설명을 들어보겠습니다.

황 소장: 백제의 시조는 온조대왕으로 알려져 있지만 실

제로는 온조의 어머니인 소서노가 시조라는 설을 제기한 사람은 단재 신채호 선생입니다. 그는 『삼국사기』에 온조대왕이 당초 하남 위례성에 도읍했다고 기록되어 있는데, 대왕 13년에 어머니인 소서노 여왕이 돌아가시자 다시 하남 위례성으로 도읍을 옮겼다고 한 것이 잘못이라고 지적했어요. 그런데 소서노가 죽기 전에 "서울의 한 노파가 변해 남자가 되었고, 호랑이 다섯 마리가 도성 안으로 들어왔다"라는 기사가 있고, 또 "요즘엔 요망한 징조가 여러 번 나타나고 국모가 세상을 떠나는 등 정세가 자못 편안하지 못하니 장차 서울을 옮겨야겠다"라고도 했어요.

이러한 내용으로 미루어 볼 때 여왕인 소서노가 죽고 온조가 왕이 될 것임을 예고한 것으로 볼 수 있으니, 곧 정변으로 온조가 어머니를 죽인 것으로 봐야 하는 것이죠. 『삼국사기』를 보면 신라의 박혁거세와 백제의 동성대왕도 정변으로 죽었는데, 그들이 죽기 전에 각각 용과 호랑이가 출현했다고 기록되어 있어요. 김부식이 유학자의 관점에서 대왕의 시해 사건 같은 불미스러운 일을 감추기 위해 그렇게 한 것이죠.

온조가 소서노를 죽였다고 보는 결정적인 이유는 소서노 사후 도읍을 옮긴 온조가 새로 궁궐을 지으면서도 어머니의 사당을 짓고 제사를 지낸 것은 그 후 2년이 넘어서였다는 점이에요. 그가 어머니와 사이가 좋았다면 당연히 어머니의 사당부터 지었을 텐데 그렇지 않았다는 이야기고, 이는 다시 말해 그가 정변을 일으켰다는 증거가 되기도 하는 것이죠.

김부식이 백제의 시조를 온조대왕으로 만든 것은 소서노대왕이 시조인 것을 몰라서라기보다는 그가 철저한 유학자로서 여자가 나라를 일으키면 안 된다는 생각에 젖어 있었기 때문으로 보이는데, 그는 신라의 선덕여왕에 대해 논하면서 이런 글을 남겼어요.

"내가 듣기로 옛날에 여와씨가 있었으나 그는 천자는 아니고 복희를 보좌해 구주를 다스렸을 따름이고, 여치, 무조와 같은 사람에 이르러서는 유약한 임금을 맞아 조정에 임해 정사를 대신 행했으나 공공연하게 왕이라 칭하지는 아니하고, 다만 고황후 여씨니 측천황후 무씨니 하고 기록했다. 이를 천리로서 말한다면 곧 양은 강하고 음은 유하고, 사람으로서 말한다면 곧 남자는 높고 여자는 낮은 것이니, 어찌 감히 노파가 안방을 나와서 국가의 정사를 결단하랴? 신라가 여자를 세워 왕위에 처하게 한 것은 실로 난세의 일로서, 나라가 망하지 않은 것이 다행이다. 『서경』에 말하기를 '암탉이 새벽 때를 알린다' 하고, 『역경』에 말하기를 '약한 돼지가 껑충거리며 날뛴다' 했으니, 가히 경계할 일이 아니겠는가?"

정연: 유교에 '남자는 높고 여자는 낮다'는 남존여비 사상이 있었다는 것을 배우기는 했지만, 막상 그런 말을 김부식의 글을 통해 보게 되니 새삼 충격이 크네요. 신라가 여왕을 세웠는데도 나라가 망하지 않은 것이 다행이라고 한 것은 너무 지나친 생각이 아닌가 해요.

영수: 이제 다시 대륙 백제로 돌아와 강성해진 모습을 보겠는데, 백제의 대외 활동에 대해 교과서에 이런 내용이 있어요.

"백제는 수군을 정비해 중국의 요서 지방으로 진출했고, 이어서 산동 지방과 일본의 규슈 지방에까지 진출하는 등 활발한 대외 활동을 벌였다."

반도의 백제를 전제로 해외에 진출한 것으로 보는 것인데, 이는 매국사학의 주장으로 매우 잘못된 거예요.

중국의 『송서』나 『양서』를 보면 백제가 원래 요동 동쪽 천여 리에 있었으며 후에 요서를 경략해 가지게 되었다고 기록되어 있어요. 백제가 원래부터 반도가 아니라 요동 동쪽에 있었으며, 가까이 있는 요서를 차지했다는 사실을 증언하는 것이죠. 그러나 『삼국사기』에는 이런 사실들이 기록되어 있지 않아요. 물론 그렇다고 백제의 강역이 한반도였다는 결정적 표현도 없는데도 학계에서는 백제가 한반도에 있었다고 억지 주장하는 것이죠. 또 중국의 『통전』을 보면 이 요서에 대해 '유성과 안평 사이'라고 풀이했는데, 이는 요서군에 속한 현의 이름으로 한반도에 있는 지명이 아니에요. 그리고 교과서에 있는 것처럼 반도의 소국인 백제라면 요서와 산동 등 여러 곳을 수군으로 정벌해 오랫동안 통치한다는 것은 불가능하다고 봐야 하죠.

황 소장: 당시 진나라의 『진서』를 보면 요서군에 3개 현이 있었는데, 옛날 한나라 때 원래 14개 현이 있던 것과 비교해보면 무려 11개 현을 백제에게 빼앗겼다는 사실을 알 수 있어요. 그런데 재미있는 것은 『진서』에서는 이런 사실에 대해서는 단 한 줄도 언급하지 않았다는 거예요. 이른바 춘추필법으로 자기들의 수치를 감춘 것이죠.

이 『진서』라는 역사책은 후일 당나라 태종 때 편찬되었는데, 백제라는 이름 대신 이미 멸망한 마한으로 표현해 역사를 왜곡했어요. 뿐만 아니라 고구려는 아예 조항 자체도 없어요. 고구려 정벌에 친히 나섰다가 눈에 화살을 맞는 등 대참패를 당한 태종이 이렇게 치졸한 짓을 서슴지 않았던 것이죠.

규현: 백제의 자랑스러운 역사 한 가지를 더 알려드릴게요. 백제의 국력이 날로 강해지자 중국 남북조시대 북조의 위나라에서 이를 견제하기 위해 488년에 기병 수십만으로 백제를 대대적으로 침공한 일이 있었어요. 기병 수십만을 동원한 사실만 봐도 이들이 유로로 온 것이지 먼 바다 건너 반도의 백제로 온 것이 아니라는 점이 분명해지죠.

백제의 동성대왕은 네 명의 장군을 거느리고 기습 공격해 대승을 거두었으며, 그 공로를 인정해 그들 네 명을 왕과 제후로 봉했어요. 백제가 황제급인 대왕이라는 호칭을 사용한 나라임이 드러나는 것이죠. 또 일곱 명의 장군들을 광양, 대방, 조선, 광릉, 청하, 낙랑, 성양 등 7개 군의 태수로 임명했는데, 이 지명들은 지금 중국의 하북성 난하 유역에서부터 해안을 따라 산동성을 거쳐 강소성에까지 이르는 지명이에요.

백제에서는 이런 사실을 남조의 제나라에 국서로 통보했

는데, 『남제서』에 그 내용이 상세하게 실려 있어요. 당시 남조와 북조는 지금 남북한 관계처럼 적대적이었기 때문에 북위가 패한 사실을 그대로 실어놓은 것이죠. 반면에 북위의 역사서들은 이런 사실들을 일체 써놓지 않았어요.

그럼 『삼국사기』에는 이 일이 어떻게 기록되어 있을까요? "북위가 군사를 보내 쳐들어왔으나 우리에게 패했다"라는 짤막한 내용이 전할 뿐이에요. 북위의 수십만 대군을 대패시킨 것은 후일 고구려에서 수나라의 30만 대군을 몰살시킨 것과 마찬가지로 국운을 건 싸움에서 대승을 거둔 중대한 사건이었어요. 그런데도 김부식은 고구려의 승전에 대해서는 상세하게 다루었으면서도 백제에 대해서는 이렇게 초라하게 다루었으니 너무나도 어이없는 일이죠.

세호: 7개 군이 발해와 동해에 이르른 사실은 중국의 다른 역사서에서도 볼 수 있어요. 북조의 역사서들은 백제의 위치에 대해 '작은 바다의 남쪽'이라고 전하고 있는데, 이는 두말할 필요도 없이 발해를 뜻하는 것으로, 백제가 그 남쪽인 7개 군을 차지한 것과 같은 내용이에요. 한반도의 백제라면 작은 바다가 아니라 큰 바다인 황해의 '남쪽'이 아니라 '동쪽'에 있기 때문에 이러한 기록과는 전혀 동떨어진 헛된

주장인 것을 다시 한 번 확인할 수 있는 것이죠.

한편 『신당서』에는 백제가 당나라의 도읍인 '장안(지금의 서안)'의 동쪽 6천 리, 영, 빈의 바다 북쪽에 있다고 했는데, 이는 발해의 서남 해안 쪽 산동성을 말한 거예요. 이는 7개 군 지역 중 북부에 해당해 같은 내용을 증명하죠.

정연: 세호 오빠의 설명 감사해요. 저도 백제의 대륙 영토에 대해 백제가 망한 이후의 상황을 토대로 설명해볼게요. 신라와 당나라의 연합군이 백제의 항복을 받은 후 당나라에서는 그 땅에 웅진, 마한, 동명, 금련, 덕안 등 다섯 개의 도독부를 설치해 다스렸어요. 충청남도 공주시가 옛 웅진이라는 주장도 있으나, 이는 매국사학의 주장으로 믿기 어려워요. 나머지 지명은 한반도에서 예나 지금이나 찾을 수 없죠.

반면에 이 지명들은 모두 중국에서 찾을 수 있어요. 청나라 때의 지도인 「대청광여도」를 보면, 동명은 산동성 서부에, 그리고 덕안은 호북성의 한강 북쪽에 있어요(〈지도 6〉 참조).

황 소장: 정연 학생도 준비를 아주 잘했군요. 지금까지 고대 우리 민족의 나라들이 대륙에 있었던 사실을 보았으니 이제 삼국의 건국 시점에 대해 논의하려고 하는데, 이 부

〈지도 6〉 백제 멸망 후 백제 땅에 설치한 도독부의 위치

「대청광여도」의 일부. 산동성 서부에 동명, 호북성 북쪽에 덕안이 표시되어 있는
것(원 안쪽)이 보인다.

분은 영애 학생이 설명해줄래요?

영애: 『삼국사기』에 따르면 고구려, 백제, 신라, 삼국은 모두 서기전 1세기에 건국된 이후 왕들의 계보가 완비되어 있어요. 그런데 국사 교과서에서는 국가 체제를 정비했다거나 중앙집권화가 이루어진 시점을 사실상의 건국으로 보면서 그 이전 왕들의 역사를 전설의 시대로 간주해버리고 있어요. 이를테면 고구려의 경우 6대 태조대왕이 국가 체제를 정비했고, 백제는 8대 고이대왕에 와서야 중앙집권 국가가 되었으며, 신라의 경우는 가장 늦어 17대 내물대왕에 와서야 중앙집권 국가로 발전하기 시작했다는 거죠.

이렇게 사실상의 삼국 건국을 1백 년에서 3백 년까지 늦추어 보는 것은 일본 식민사학자들의 조작을 그대로 추종해 우리나라의 수준을 그만큼 깎아내리려는 반민족적 행위에 불과해요. 이병도가 말하는 중앙집권 국가의 특징인 강한 군사력으로 다른 나라들을 정복하는 능력을 기준으로 하여 삼국의 국가 단계를 앞에 말한 것처럼 늦추어 보는 것이죠. 그러나 실제로는 삼국의 이 왕들에 와서야 정복 활동을 왕성하게 한 것이 아니라 건국 초기부터 바로 왕성한 정복 활동을 한 것으로 『삼국사기』에 기록되어 있어요.

고구려의 경우, 시조 동명성왕은 즉위와 동시에 말갈을 물리치고 2년에는 비류국의 항복을 받았으며, 6년에는 행인국을 정벌하고, 10년에는 북옥저를 멸해 각각 성읍으로 삼았어요. 다음의 유리명왕은 11년 선비국을 항복시켜 속국으로 삼았고, 32년에는 침입한 부여 군사를 섬멸시켰으며, 33년에는 양맥을 멸망시키고 한나라의 현토군을 습격했어요.

이어 3대 대무신왕은 5년에 부여로 진격했다가 실패에 그쳤으나 갈사왕의 항복을 받았으며, 9년에는 개마국을 정벌해 군현으로 삼으니 구다국도 두려워 항복했다고 기록되어 있어요. 11년에는 요동태수의 침입을 회유해 물리쳤으며, 20년에는 낙랑국을 멸망시켰죠. 또 5대 모본왕은 2년에 한나라 깊숙이 쳐들어갔어요. 이와 같이 고구려는 태조대왕 때부터가 아니라 건국과 동시에 정복 국가로서의 면모를 과시하고 한나라에도 적극적인 공세를 폈는데도 이런 기록을 모르는 척 국민을 속이고 6대 태조대왕이 사실상의 건국자라고 우기는 거예요.

신라 역시 마찬가지예요. 『삼국사기』 '시조 혁거세 거서간' 조를 보면 8년에 왜인이 변경을 침입했으나 시조의 신덕이 있음을 알고 물러갔으며, 19년에는 변한이 항복해 왔다고 전하고 있어요. 이후 5대 파사이사금 때 음집벌국을 정벌하자 실직, 압독의 2국도 항복했으며, 또한 가야를 정벌하고 비지국, 다벌국, 초팔국을 정벌해 병합했어요. 9대 벌휴이사금은 소문국을 정벌했고, 11대 조분이사금 때는 감문국과 골벌국을 군으로 삼았으며, 15대 기림이사금 때인 서기 300년에는 낙랑, 대방 양국이 복속해 왔다고 기록되어 있어요.

이와 같이 신라는 건국 후 350년 동안 꾸준히 기회가 있을 때마다 주변국들을 병합하고 영토를 확장한 데 비해 17대 내물이사금 때는 왜적과 말갈의 침입을 물리친 것 외에는 47년의 재위 기간 동안 큰 업적이 기록되지 않았어요. 그런데도 이병도는 아무런 근거도 없이 내물이사금을 신라의 실질적 시조로 보고 있으니 이는 국민을 전적으로 우롱하는 처사라고 할 수 있죠.

규현: 일본의 식민사학자나 이 땅의 매국사학자들은 고조선의 역사 1,300년을 말살한 것만으로 만족하지 못하고 삼국의 역사마저 수백 년 깎아내리려는 것이군요. 그렇게 해야만 서기 4~6세기에 일본이 한반도의 남부를 다스렸다는 임나일본부설을 펼칠 수 있으니까요. 그런데 그 사람들

이 『삼국사기』를 믿지 않는 이유는 무엇인가요?

황 소장: 물론 정당한 이유는 없고, 근대에 일본의 한국 식민 지배를 정당화하기 위해 쓰다 소키치 등 어용학자들을 총동원한 것이죠. 다만 중국의 『삼국지』에 우리 민족의 나라들을 기록한 「동이전」이 있는데, 거기에는 한국의 마한, 진한, 변한에 전부 78개의 나라가 있다고 하여 그 이름을 일일이 써놓았어요. 그러니까 이 기록에 따르면 중국의 삼국시대가 끝난 서기 3세기 말까지 마한이 존속한 대신 아직 백제는 건국되지 않았으며, 또 진한이 존속한 대신 신라는 아직 건국되지 않은 것처럼 볼 수 있는 오해의 소지가 있어요.

일본인들은 바로 이런 점을 노려 우리의 『삼국사기』는 부정하고 중국의 『삼국지』를 악용한 거예요. 우리의 역사는 우리 민족이 쓴 역사서를 기본으로 해야 하는데도 매국사학자들은 일본인들처럼 우리 기록은 부정하고 중국 기록을 내세우는 것이죠. 『삼국사기』를 보면 삼국의 시조들이 분명히 마한이나 진한에서 나라를 세워 나라 이름을 백제나 신라로 했다고 나오며 이후 왕들의 행적이 연도별로 명확하게 기록되어 있으므로 이러한 기록을 전체로 부정하는 것은 있을 수 없는 일이며, 개별적 사항별로 다른 명확한 근거가 있을 때만 그 내용을 부정할 수 있는 것이죠. 이에 비해 중국의 『삼국지』「동이전」에서는 한국에 대해 고작 1쪽밖에 되지 않는 매우 소략한 내용만을 전하고 있으며, 78개국의 이름만 열거하고 각 나라들에 대한 구체적 내용은 일체 없기 때문에 믿기가 어려운 거예요.

또 고구려에 대해 "사람들의 성품이 흉악하고 급해서 노략질하기를 좋아했다"라고 기록하고 있는데, 이런 부분을 옛 국정교과서에 버젓이 소개해놓았어요. 이런 내용은 고구려가 한나라에서 빼앗은 낙랑군이나 현토군을 습격하고 나아가 자기들의 본토까지 쳐들어가는 등 공세로 나오는 것에 대해 중국인의 입장에서 기록한 것인데, 우리의 교과서에서 우리 민족을 부당하게 폄하하는 중국인의 입장을 가르치고 있으니 이게 말이나 되나요?

연아: 제가 알기로 주몽대왕께서 나라를 세우고 고조선 시절 중국에 빼앗긴 땅들을 되찾는 것을 국가의 최우선적 과제로 설정해 한나라의 군현들에 쳐들어가곤 했다고 하는데, 옛 땅을 되찾는 것을 고구려 말로 '다물'이라고 했다고 해요. 이와 같은 고구려인의 용맹한 다물 정신을 학교에서

가르쳐야 하는데, 오히려 이런 고구려인이 흉악하다고 가르치니 기가 막혀 할 말을 잃게 되네요.

영수: 이제까지 연아가 발표한 두 가지 주제를 살펴보았는데, 끝으로 대륙 신라의 모습에 대해 세호 형이 설명해주세요.

세호: 먼저 중국의 사서에 기록된 신라에 대해 살펴볼게요. 『양서』에서는 신라가 '백제의 동남쪽 5천여 리'에 있다고 했어요. 신라는 한반도에서 백제의 동쪽에 있었다고 배우고 있는데, 이 기록을 보면 백제의 동남쪽이라고 했으므로 잘못된 것임을 알 수 있죠. 또 5천여 리(약 2천 킬로미터)라고 한 신라의 큰 영토를 감안할 때 이는 대륙의 신라임을 확실하게 증명해주는 것임을 알 수 있어요. 『수서』에서도 비슷하게 신라가 백제의 남쪽에 있다고 전하고 있죠. 또한 『신당서』에서는 신라가 가로 천 리(약 4백 킬로미터), 세로 3천 리(약 1,200킬로미터)의 큰 나라라고 했으니 이 또한 대륙임을 말해주죠(〈지도 7〉 참조).

대륙의 신라와 관련해 신채호 선생은 박지원의 『연암집』에서 중국 남쪽의 복건성 천주와 장주가 신라의 땅이었다

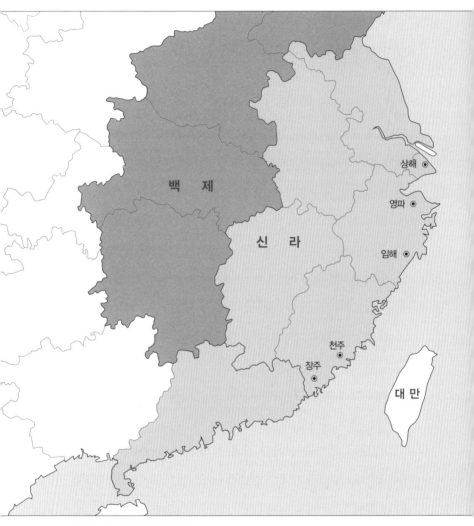

〈지도 7〉 대륙 신라의 강역

신라는 백제의 동남쪽과 남쪽에 위치해 절강성의 영파와 임해, 복건성의 천주,
장주 등과 광동성을 소유하고 있었다.

고 한 것을 언급했으나 어떤 책을 근거로 했는지 알 수 없어 인용은 할 수 없다고 했어요. 신라는 천주에 절도사를 두기도 했는데, 『만주원류고』를 보면 아주 중요한 내용이 있어요.

"신라는 천주의 해문과 마주하고 있는데 (……) 무역하는 사람들은 반드시 미리 사명으로 가서 다시 출발한다. 혹은 말하기를 천주의 수위가 점차 낮아져 반드시 사명을 경유해야 한다."

즉 신라의 천주에 가려면 반드시 사명을 거쳐야 한다는 것인데, 이 사명은 오늘날의 절강성 영파이므로 복건성과 절강성이 신라의 영토였음을 알 수 있죠.

또 영파 남쪽에 임해라는 곳이 있는데, 소지마립간 때 임해와 장령에 진영을 설치해 왜적을 방비하게 했다고 해요. 이것은 임해가 신라의 도성인 서라벌에서 매우 가까운 요충지였다는 뜻이죠. 이 임해에 있던 임해전은 신라 후기에 다섯 번이나 기록되었는데, 이곳은 서라벌의 궁전과는 달리 정무가 아닌 연회 등의 장소로 활용되었어요. 지금까지 본 여러 지명들은 모두 중국의 동남 해안에 있었으며 한반도에서는 찾아볼 수 없는 지명이죠(〈지도 7〉 참조).

다음으로 대륙의 신라를 증명하는 기록을 신라와 당나라

의 연합군이 백제와 고구려를 공격하는 과정에서 찾아보기로 할게요. 660년에 당 고종은 신라의 요청에 따라 소정방을 대총관으로 삼고 13만 대군으로 백제를 공격하게 했어요. 신라 무열대왕은 당병과 합세하기 위해 김유신 등 장군들을 거느리고 서라벌을 출발해 남천정에 이르렀는데, 20여 일이 걸렸어요.

매국사학에서는 이 남천정을 경기도 이천이라고 하는데, 경주에서 이천까지 말을 타고 20일이나 걸렸다는 것은 이해하기 어렵죠. 그러므로 서라벌과 남천정은 반도가 아니라 대륙에 있던 지명으로 보는 것이 옳아요. 또 당군이 백제의 도읍이었다는 부여를 공격하러 왔다면 이천으로 올 것이 아니라 훨씬 남쪽으로 와야 정상이므로 반도사관에 의하더라도 남천정은 이천이 되기 어려워요.

백제를 멸망시킨 후 661년에 당나라에서는 고구려를 정벌하기 위해 신라에도 출병하도록 했는데, 함자도총관 유덕민이 신라에 와서 평양으로 군량을 수송하라는 당 고종의 명령을 전했어요. 그리고 다음 해 1월 유 총관이 신라의 양하도총관 김유신 등과 함께 평양으로 군량을 수송했어요.

이때의 함자는 옛 낙랑군의 현 이름으로 발해 서안에 있었으며, 양하는 황하의 남과 북 양쪽 지역을 뜻하는 곳으로,

이 두 곳으로 신라와 당의 군사가 행군해 지금의 요동에 있던 평양으로 간 것이었죠. 만약 평양이 북한에 있었고 신라가 경상도 지역에 있었다면 유덕민과 김유신은 각각 따로 평양으로 갔어야 하며, 하북성 지역에서 만나 평양으로 가는 것은 불가능한 일이에요.

당 고종은 666년 12월에 이적을 총수로 삼아 다시 고구려를 정벌케 했으며, 신라도 함께 출정하게 되었어요. 문무대왕은 다음 해 8월에 김유신 등 30여 명의 장군들을 거느리고 도성을 출발해 9월에 한성정에 이르러 이적을 기다렸어요. 이곳은 옛 백제 땅으로 지금의 하북성 지역에 있었다고 보이는데, 거기서 양군이 만나 요수인 조백하를 건너 고구려로 가야 했기 때문이죠. 매국사학에서는 이 한성정을 경기도 광주라고 하지만, 대륙의 이적이 반도를 거치지 않고 지금의 요동으로 갔는데 어떻게 광주에서 그를 만날 수 있었다는 것인지 도무지 알 수가 없어요.

문무대왕은 다음 해인 668년에도 6월 27일에 도성을 출발해 당의 군영으로 향하고, 7월 16일에는 한성주에 행차해 총관들이 당의 대군과 만나도록 지시했어요. 이런 상황은 그가 반도에서 바다를 건너 당의 군영에 간 것이 아니라 대륙의 도성에서 육로로 간 것임을 명확히 알 수 있게 해주죠.

또 한성정까지 20일 만에야 도착했는데, 만약 경주에서 광주까지 말을 타고 갔다면 이렇게 많은 시일이 걸리지는 않았을 거예요. 더구나 당군이 바다 건너 반도의 한성정으로 왔다가 북한의 평양으로 간다는 것은 있을 수 없는 작전이므로 대왕이 간 한성정은 대륙일 수밖에 없는 것이죠.

이제 고조선 이후의 열국이 모두 한반도가 아닌 대륙에서 일어난 역사임을 확인한 오늘의 뜻깊은 시간을 마치기로 하죠.

제9장

매국사학의 거짓말 잔치

朝　鮮　史　編　修　會

지민: 여러분, 안녕하세요? 오늘의 주제는 '매국사학의 거짓말 잔치'입니다. 해방 후 우리나라 역사학계는 서울대학교 국사학과장이 된 이병도라는 인물을 중심으로 일제강점기의 일본 식민사학자들이 우리의 위대하고 찬란했던 역사를 말살하기 위해 허위로 조작한 식민사학을 그대로 이어받아 매국사학으로 뿌리내리게 되었습니다.

이병도가 조선총독부 직속의 조선사편수회라는 곳에서 조작된 『조선사』를 편찬할 때 일본 학자들의 앞잡이 및 허수아비로 참여했기에 그때 익힌 식민사학을 대한민국에 그대로 가져온 것입니다. 그는 한일합방 당시의 매국노 이완

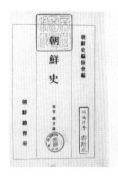

조선사편수회에서 간행한
『조선사』

용의 먼 일가로 일본의 와세다 대학에 유학해 국사를 식민 사학자들에게 배운 첫 한국인이었죠.

식민사학은 우리 역사를 부분적으로 왜곡한 것이 아니라 근본적으로 말살하기 위한 것이었기 때문에 거짓으로 시작해서 거짓으로 끝나는 아주 악독한 장치입니다. 그러한 주장들은 거의 대부분이 역사적인 사료의 뒷받침이 없는 비학문적인 억지 주장일 뿐이며, 일부 사료를 근거로 제시하는 경우에도 그 사료를 자기들 입맛에 맞게 마음대로 해석함으로써 역시나 결론은 거짓으로 끝나는 것이죠.

오늘은 매국사학의 거짓 주장 가운데 가장 핵심적인 것을 살펴보려 합니다. 먼저 제가 낙랑군이 평양 지역에 있었다는 주장에 대해 비판하겠습니다. 낙랑군은 한나라의 무제가 위만조선을 멸망시키고 서기전 108년에 그 땅에 설치했다는 이른바 한사군 중 대표적인 군의 이름이에요. 그런데 위만조선은 서기전 194년에 중국에서 위만이라는 사람이 고조선의 서쪽 경계 지역에 있던 고조선의 거수국인 기자국에 망명 온 이후 기자국을 빼앗아 세운 나라였죠. 그러므로 기자국과 위만조선의 위치는 고조선의 서쪽 끝인 지금 하북성의 북경에서 발해 연안의 천진에 이르는 지역이었어요(〈지도 8〉 참조).

〈지도 8〉 낙랑군의 실제 위치

『수경』이나 『한서』 「지리지」에 따르면, 낙랑군은 지금의 천진을 중심으로 한 발해 연안에 있었다.

그런데도 국사 교과서에는 위만이 "(고조선의) 수도인 왕검성에 쳐들어가 준왕을 몰아내고 스스로 왕이 되었다"라고 되어 있어요. 『삼국유사』에 고조선의 도읍이 평양 또는 아사달이라고 되어 있는데도 교과서에서는 왕검성이라고 한 것부터가 잘못임을 말하는 것이죠. 왕검성이라는 이름은 단군의 이름 왕검에서 온 것이지만, 이는 하북성 지역에 있던 위만조선의 도읍이었지 결코 북한의 평양이 될 수 없어요. 위만에 관한 교과서의 다른 내용만 잘 살펴봐도 위만조선이 한반도에 있지 않았다는 사실이 바로 드러나기 때문이죠. 교과서에는 위만이 망명해 온 후 '서쪽 변경을 수비하는' 임무를 맡았다고 되어 있죠. 만약에 이것이 북한 땅에서의 상황이라면 그는 서해 바다를 수비했다는 뜻인데, 이는 중국 해군만 방어했다는 의미일까요? 이런 일은 매국사학에서 원래의 사료를 인용하기는 했지만 그 해석을 엉터리로 잘못했기에 벌어지는 일이죠(〈지도 6〉 참조).

황 소장: 지민 학생이 공부를 많이 했군요. 위만조선이 반도에 있지 않았으니까 거기 설치했다는 낙랑군 또한 마찬가지겠죠. 이제 낙랑군이 대륙에 있었던 증거를 말해줄게요. 우선 낙랑군의 치소는 조선현인데, 이곳에 습수, 선수,

열수의 세 강이 흐른다고 했어요. 그런데 중국의 강을 설명한 『수경』에 의하면 북경으로부터 천진으로 흘러 발해로 들어가는 지금의 영정하가 옛 습수였어요. 영정하는 다른 많은 강들과도 합류하므로 조선현은 북경에서 가까운 곳으로 볼 수 있어요(〈지도 9〉 참조).

낙랑에는 열구현도 있었는데, 이곳은 바로 지금 말한 영정하가 발해로 들어가는 천진 해안에 있었죠. 『사기』 「조선열전」을 보면 한나라의 해군이 위만조선을 치기 위해 발해만 남쪽의 제나라에서 출발해 발해에 떠서 열구에 도착했다고 했어요. 이 열구는 바다를 건너면 가장 먼저 다다르는 곳이라고 주석이 되어 있는데, 해군이 발해를 북쪽으로 향해 지금의 천진인 열구로 도착한 것이었죠.

매국사학의 원흉 이병도는 앞에서도 보았지만 한나라 해군이 '발해'에 떴다는 내용을 자기 마음대로 '황해'로 거짓 해석해, 해군이 열수라는 대동강 입구로 상륙했다고 우겼어요(〈지도 4〉 참조). 그러나 『후한서』 「군국지」에는 "열수가 요동에 있다"라고 밝히고 있으므로 열수가 한반도의 대동강일 수는 없는 것이죠. 이와 같이 이병도는 사료의 내용을 멋대로 바꾸거나 아예 사료의 뒷받침 없이 헛된 주장만 일삼았던 거예요.

〈지도 9〉 낙랑군 조선현을 지나는 습수, 선수, 열수의 위치

낙랑군 조선현을 지나는 세 강. ① 습수(지금의 영정하), ② 선수(지금의 북운하),
③ 열수(지금의 조백하)이다.

영애: '낙랑=평양설'에 대한 민족사학계의 비판과 이에 대한 매국사학계의 대응의 역사에 대해 제가 간략하게 설명할게요. 학계에서 낙랑 대륙설을 처음 주장해 매국사학계를 깜짝 놀라게 한 것은 1980년대 중반 단국대학교의 윤내현 교수였는데, 그의 비판 논지는 문헌이든 고고학 자료든 '낙랑=평양설'이 분명한 근거가 없다는 것이었어요.

이러한 주장에 대응해 매국사학계에서는 1988년 『한국사 시민강좌』 제2집에서 '고조선의 제 문제'라는 특집을 기획해 이기백, 서영수, 이기동 등 세 명의 중진을 내세웠으나, 근거 사료를 제시하고 논하는 대신 비열하게도 윤 교수가 북한 리지린의 자료를 활용한 것을 문제 삼아 용공 행위로 부각하는 데 초점을 맞추었죠. 그 때문에 윤 교수는 안기부 조사까지 받았다고 해요.

그 후 재야 민족사학계의 비판이 꾸준히 확대되자 20여 년이 지난 2011년의 『한국사 시민강좌』 제49집에서도 '고조선 연구의 현 단계'라는 주제로 이기동 등 세 명을 동원해 주장을 펼쳤지만, 그동안의 매국사학적 견해를 반복하는 데 그쳤죠.

2016년에는 계간 잡지인 『역사비평』의 봄호와 여름호에 각각 세 명씩 모두 여섯 명의 인원을 동원해 '낙랑=평양설'

을 다시 내세우는 한편 민족사학자들을 사이비로 비난하는 행태를 보였어요. 그런데 이들은 학계의 중진이 아니라 갓 박사학위를 받은 자를 포함해 초보적 인물들이었죠. 중진들은 뒤에 숨어 있고 패기만만한 젊은이들을 선봉에 내세운 것이죠.

이번에도 역시 그들은 사료나 논리에 입각하지 않은 구태의연한 면모를 보였어요. 그러면서 '낙랑=평양설'이 식민사학이 아니라 정약용 선생을 포함해 조선 후기부터 주장해온 이론이라고 말했죠. 그러나 정약용 선생은『아방강역고』에서 "요즘 사람들은 낙랑의 여러 현이 요동에 있었다고 많이 의심한다"고도 지적했어요. 실제로는 이익, 박은식, 이상룡, 신채호, 정인보 선생 등 많은 석학과 지도급 인사들이 '낙랑=요동설'을 주장했는데도 이 무서운 젊은이들은 이런 훌륭한 인사들은 모른 척하고 정약용 선생만 끌어들였으니 그들의 비열한 행태가 여지없이 드러나고 말았죠.

정연: 낙랑군에 얽힌 영애 언니의 설명 감사드려요. 이제는 제가 임나일본부설과 관련해 고려대학교 김현구 교수의 거짓 주장들을 비판해볼게요. 일본 식민사학자들은 고대에 북한 지역이 중국 한사군의 지배를 받았으며 남한 지역의

다산 정약용   『아방강역고』

가야, 즉 그들의 주장에 따르면 임나를 4~6세기의 2백 년 동안 일본이 다스렸다는 엉터리 설을 주장했는데, 이것이 임나일본부설이죠.

그런데 김현구 교수는 일본인들과 다르게 이 임나를 지배한 주체가 일본이 아니라 백제였다고 주장했어요. 그의 주장은 같은 우리 민족이 임나, 즉 가야를 다스렸다고 하니 일본이 다스렸다는 것보다는 나아 보이기도 해요. 하지만 그에 따르면 임나를 지배한 백제가 사실상 일본의 속국이기 때문에 우리 입장에서 좋을 것도 없으며, 이 주장은 백제가 일본을 실질적으로 지배한 역사를 거꾸로 본다는 점에서 더욱 문제가 많다고 볼 수 있죠.

임나일본부설은 전적으로『일본서기』에 의존하는 설이기 때문에 사건에 따라 우리의『삼국사기』와 비교해 교차검증을 해야 어느 책의 내용이 사실인지 확인할 수 있어요. 그런데도 김현구는 이 문제에 대해『일본서기』만 맹신하고, 임나에 대한 기록은 물론 임나 지배에 대한 기록조차 전혀 없는『삼국사기』는 모른 척하는 것이죠.

임나에 일본부라는 기관을 두어 지배했다는 것이『일본서기』의 내용인데, 만약 백제가 지배한 것이라면 '일본부'가 아니라 '백제부'여야 할 것입니다. 여기에서 우선 김현구의 모순이 드러나고 있어요. 또『일본서기』에는 임나를 칠 때 일본의 장군들이 주 역할을 하고 백제 장군이 지원 역할을 한 것으로 되어 있는데도 김현구는 이 백제 장군을 주역으로 설정해 백제 지배설을 세운 것이니 사료를 올바르게 해석한 것이 못 되죠.

그럼 임나일본부설의 핵심인 임나는 가야와 같은 나라라는 식민사학의 주장이 허위라는 것을 먼저 밝혀볼게요.『삼국사기』에는 신라, 백제, 고구려와 함께 가야가 나오죠. 그런데『일본서기』에도 앞의 삼국이 나오지만 가야는 없고 대신 임나가 나와요. 그래서 우리의 가야와 일본의 임나가 같다고 보고 있지만 이것은 사실이 아닙니다. 우리 기록의 네 나라가 당연히 한반도의 나라들인 것처럼 일본 기록의 네 나라는 당연히 일본 열도에 있던 나라들이죠.

일본에 있던 임나는 작은 섬인 대마도(쓰시마 섬)에 위치한 것으로 드러나고 있으며, 같은 섬에 위치한 다른 세 나라는 신라, 백제, 고구려의 사람들이 대마도에 진출해 각각 자기들의 나라 이름을 그대로 쓴 것임이 밝혀졌죠. 이를 뒷받침하는 근거로, 대마도의 네 나라는 부락 규모의 작은 나라들이었기 때문에 경계 부근에서 닭이 울면 어느 나라에서 우는 것인지 구별이 어려울 정도라고 했어요. 한반도의 네 나라라면 충분히 커서 이런 일은 상상할 수도 없죠.

김현구의 주장 중 가장 위험한 것은 임나를 지배한 백제가 일본의 속국이었다는 것이지만, 이는 전혀 근거가 없을 뿐만 아니라, 사실은 일본이 백제의 속국이었어요. 그가 백제가 일본의 속국이라고 주장한 이유는 크게 세 가지예요. 첫째, 『일본서기』에 일왕 흠명이 임나 문제로 백제의 성왕을 '너'라고 부르며 꾸짖는 장면이 나온다는 것인데, 이런 내용은 『일본서기』에서 대마도의 백제왕을 성왕으로 바꿔놓은 것에 불과하죠.

둘째는 백제의 전지대왕, 동성대왕, 무령대왕의 부인(김현구는 왕비라는 말을 쓰지 않고 부인이라 하여 비하하고 있음)들이 일본 왕실의 여인들이라는 것인데, 이는『일본서기』에 그렇게 나온 것도 아니고 단지 그의 추측일 뿐이며, 더구나『삼국사기』에는 이런 기록이 전혀 나오지 않아요. 셋째로 백제의 왕녀나 왕자들이 일왕을 섬기기 위해 파견되는 관례가 있었다고 하는데, 이것도 사실과 전혀 다른 것으로, 최재석 교수에 따르면 그들은 속국인 일본의 정치가 제대로 수행되는지를 감독하기 위해 파견된 왕족들이었다고 하죠.

최재석 교수님은 일본 역사와 고대 한일 관계에 타의 추종을 불허하는 혁혁한 연구 성과를 남긴 분인데, 그는 고대 일본인 '야마토'에서 그 지명을 제외하고는 모두 '백제'라는 이름을 붙여 불렀다고 지적했어요. 왕의 거처는 '백제궁', 야마토의 사찰은 '백제대사', 왕의 관을 안치한 곳은 '백제대빈', 강 이름은 '백제천', 배 이름은 '백제선', 손님이 묵는 곳은 '백제객관', 음악은 '백제악' 등이라는 것이죠. 백제에서 집단으로 이주한 사람들이 야마토를 지배한 확실한 증거라 할 수 있죠. 이런 사정은 일왕 히로히토가 백제 무령대왕의 자손임을 고백한 데서도 알 수 있죠.

영수: 일본이 백제의 속국이었던 증거로 칠지도라는 날

이 일곱 개나 되는 칼도 있는데, 제가 이에 대해 설명해볼게요. 『일본서기』를 보면 372년에 백제의 사신이 칠지도를 바쳤다는 기록이 있는데, 이것은 바친 것이 아니라 사실은 하사한 것이었어요. 이는 일본에 있는 그 칼에 새긴 문장을 보면 알 수 있는데, 그 내용의 핵심은 '제후왕들에게 공급할 만하다'는 것과 '백제에서 왜왕을 위해 만들었으니 후세에 전해 보일지어다'라는 것이었어요. 당시 백제가 제후국인 일본에게 이를 하사한 사실이 확인되는 것이죠.

황 소장: 오늘 주제 발표한 두 학생이 공부를 많이 했군요. 이제부터는 대표적 매국사학자들의 거짓말에 대해 구체적으로 알아보는 것이 좋겠는데, 매국사학의 원흉인 이병도에 대해 먼저 알아볼까요?

이병도의 견해 중 특별히 지적되어야 할 것은 중국의 우월성에 대한 과대 포장이에요. 그는 4세기 이전의 우리 역사를 한나라에서 위만조선을 멸하고 낙랑군 등 한사군을 설치한 서기전 108년을 기준으로 그 앞뒤의 시기를 나눠야 한다는 해괴한 주장을 했어요. 즉 미개했던 우리 사회에 중국의 선진 문화가 밀려들어옴으로써 크게 발전하게 되었다는 것이죠.

그의 『한국 고대사 연구』라는 책을 보면 한사군에 관한 분량이 장장 125쪽에 달하지만 고조선 문제는 75쪽에 불과하며, 그중에서도 기자조선, 위만조선을 제외한 고조선에 관한 부분은 고작 19쪽뿐이에요. 2천 년의 고조선 역사는 전설로 취급해 거의 연구를 하지 않고, 고조선 땅의 서쪽 끝에 길어야 4백 년 있었다는 낙랑군을 '역사상에 저명한 동방 사군'이라 표현하며, 사군의 잘못된 위치를 한반도 북부에 심어놓는 데 시간과 정력을 다 쏟았으니, 정상적인 한국인이라면 도저히 이해할 수 없는 행태였죠.

이런 그의 행태는 일제가 한국에 대한 식민 지배를 합리화하기 위해 옛 한나라가 위만조선에 군현을 설치한 의미를 어떻게든 부풀리고 우리 역사가 식민 지배로부터 시작되었다고 한 식민사관을 그대로 재현하고 있는 것이죠. 즉 한 군현의 설치로 인해 중국의 '발달된 고급 제도와 문화, 특히 그 우수한 철기 문화'가 멀리까지 전파되어 사대주의의 싹이 트게 되었다고 뻔뻔스럽게 말한 거예요.

그러나 이는 일본 식민사학자들의 근거 없는 주장을 되풀이한 것일 뿐, 그들의 주장을 직접 검증하거나 중국과 우리의 철기 문화 수준을 구체적으로 비교해본 적이 없는 비학문적인 가설일 뿐이죠. 근대의 일본이 한국을 식민지화했기 때문에 한국의 근대화가 이루어졌다고 강변하는 논리와 마찬가지로, 한나라의 지배 덕분에 고조선 사회가 선진화되었다는 식민사학의 올가미에서 벗어나지 못하고 있는 것이죠.

지민: 우리가 이미 배웠듯이 요하문명이 세계 최초였으며 고조선의 청동기나 철기시대가 중국보다 수백 년 앞섰는데도 대한민국 역사학의 태두라는 사람이 이런 사실을 전혀 모르는 듯 거꾸로 중국의 선진 문명을 논하다니 참으로 뻔뻔하네요.

황 소장: 이병도의 중화사상을 한 가지 더 예로 들게요. 서기 242년에 고구려 동천왕이 중국 위나라를 공격해 관구검의 군대를 두 번 패퇴시킨 일이 있었는데, 4년 후에는 관구검이 고구려에 쳐들어와 동천왕이 패해 달아나고 관구검은 도읍 환도성에 들어가 기공비(전쟁 공로를 기록한 비석)를 새기고 갔어요. 이병도는 자기 책에서 이 관구검의 고구려 침략에 대한 자세한 경위를 10쪽에 걸쳐 기술하며 '사상에 저명한 일'이라고 평가했으며, 관구검 기공비 사진 두 장을 자랑스러운 듯 올려놓았어요. 고구려에게는 치욕이었던 일을 사상에 저명한 일이라고 표현하다니 그가 과연 한국인

이라 할 수 있을까요?

고구려와 백제는 대륙에서 일어나 초기부터 강력한 고대 국가였음을 우리는 알아야 해요. 그렇기에 고구려는 건국 초기인 모본대왕 때 중국 깊숙이 우북평, 어양, 상곡, 태원에까지 쳐들어간 적이 있으며, 6대 태조대왕 때와 15대 미천대왕 때는 요동·현토·낙랑군 등을 10여 회나 공격했어요. 백제 또한 8대 고이대왕 때 위나라가 고구려를 침략하는 틈을 타 낙랑군을 공격했고, 다음의 분서대왕도 낙랑을 공격했어요. 그리고 중국의 진, 북위 때는 요서를 경략하고, 후에 동성대왕은 북위가 30만 대군으로 쳐들어왔을 때 크게 패퇴시키는 등 위세를 떨치기도 했죠.

신라의 대학자인 최치원은 고구려와 백제의 강성함을 다음과 같이 묘사했어요.

"고구려, 백제의 전성기에는 강병이 백만 명이어서 남쪽으로 오·월나라를 침략했고, 북쪽으로는 유주와 연·제·조나라를 흔들어 중국의 큰 두통거리가 되었으며……."

고구려와 백제가 백만 강병을 보유해 중국 남쪽의 절강성, 강소성 등지로부터 북쪽의 산동성, 하북성에 이르기까지 진출했다는 내용인 것이죠.

그러나 이병도는 고구려 모본대왕의 공격 사실을 부정하

고, 백제의 고이대왕, 분서대왕의 낙랑 침공 및 그 후의 요서 경략 등 중요한 사실들에 대해서는 부정하거나, 언급하지 않고 있어요. 우리 민족이 기상을 떨치고 강대한 모습을 보여주면 안 되는 것이 매국노 이병도의 한심한 모습인 것이죠.

세호: 부끄러움을 모르는 이병도의 작태에 대해 잘 들었나요? 이제 제가 또 한 명의 후안무치한 인물인 송호정에 대해 알려드릴게요. 서울대학교 교수인 송호정은 얼마 전까지 한국교원대학의 교수였는데, 이 학교는 역사를 가르칠 선생님들을 교육하는 중요한 학교예요.

송호정은 이병도에 비하면 연구도 제대로 한 것이 없는데, 이런 현상은 매국사학 전반에 걸쳐 공통적인 일로서, 그 이유는 모두 다 같은 학설을 거짓으로 주장하기 때문에 특별히 다른 연구를 할 필요가 없기 때문이죠. 참으로 한심한 일이 아닐 수 없어요.

우리는 숙신이 조선과 같은 나라임을 알게 되었죠? 그런데 송호정은 숙신을 여진족의 선조라고 보며 서기전 7세기 이전에 북경 동북 지방에 있다가 이후에는 길림성 북쪽 일대로 이주했다고 보았어요. 그러면서 신채호 선생이나 북한 학자의 주장처럼 숙신과 조선의 발음과 명칭이 유사하다고 해도 고조선과 같은 실체로 보는 것은 잘못이라고 주장했어요.

그러나 송호정의 이러한 주장은 "제나라가 동북쪽으로 숙신과 이웃하고 있다"라는 『사기』「사마상여열전」의 짧은 구절 하나만으로도 무너지고 말아요. 제나라는 산동 지역에 있었기 때문에 그와 동북쪽으로 이웃한 숙신이라면 머나먼 길림성에 있었다는 여진족의 선조가 아니라는 사실이 즉각 드러나는 것이거든요.

송호정의 거짓에 대해 한 가지만 더 살펴볼게요. 우리는 조선의 위치에 대해 『산해경』에 '동해의 안쪽, 북해의 가장자리'라고 되어 있는 것을 이미 알고 있죠? 그런데 송호정은 이렇게 주장했어요.

"『산해경』에서 '동해의 안쪽, 북해의 가장자리'라고 한 것은 조선이 크게 말해 동해의 범위 안, 즉 동해에 면했고, 좀 더 구체적으로 말하면 그 동해 북부의 한쪽 가장자리에 있다는 것으로 볼 수 있다. 결국 『산해경』의 기사는 개략적인 상황을 이해할 수 있을 뿐, 고조선의 본래 위치를 논하는 자료로는 부적합하다."

그가 설명한 내용은 우리가 아는 그대로 고조선이 중국

의 동해와 발해에까지 걸쳐 있었으며, 따라서 한반도가 아니었음을 뜻하는 것이죠. 그런데도 그의 결론은 그 자료가 부적합하다는 것이니, 일말의 양심이라도 있는 학자라면 자기도 그 내용을 알면서 이런 뻔뻔한 주장을 할 수 있겠어요? 『산해경』이 말하는 바가 아무리 개략적이라도 그곳이 대륙인 것은 변함없는 사실이니까요.

그럼 오늘은 여기까지 하고 다음 주에 만나기로 해요.

제10장

동북아역사재단의
매국적 행태

영수: 오늘의 주제는 '동북아역사재단'이라는 기관의 반민족적·매국적 행태에 대한 비판입니다. 동북아역사재단은 일본과 중국의 역사 왜곡에 적극적으로 대처하기 위해 정부에서 만든 기관입니다. 그런데 이 기관은 설립된 이후 지금까지 두 나라의 역사 문제에 대한 도발에 제대로 대처하기는커녕 그들의 앞잡이 노릇을 해왔다는 것이 드러나고 있습니다. 오늘은 구체적인 사안별로 돌아가면서 발표하고 토의하도록 하겠습니다. 먼저 전체적인 설명을 들어보겠습니다.

황 소장: 동북아역사재단은 들으신 대로 정부에서 모든 예산을 투입해 만든 기관으로, 많은 연구 인력과 연간 수백억 원의 예산을 사용하는 큰 조직입니다. 그런데 지난 십여 년간 우리나라를 위한 연구를 하고 정책을 개발해온 것이 아니라 오히려 일본과 중국의 입장에서 우리 역사 말살에 일조해왔다는 사실이 명백하게 밝혀지고 있습니다. 말하자면 그들의 앞잡이이자 스파이 노릇에 충실했던 것이죠. 그

러한 행태 중에서 몇 가지를 오늘 논의하고자 하는데, 우선 지민 학생이 대표적인 사례를 말해주세요.

지민: 가장 최근에 있었던 사례 한 가지를 소개하겠습니다. 이른바 '동북아역사지도'라는 것을 편찬하는 대규모 사업인데, 옛날부터 지금까지 각 시대에 따라 국경선을 중심으로 한 지도를 상세하게 작성하는 중요한 일입니다. 그런데 재단에서 만든 초안이 국회의 '동북아역사왜곡대책특별위원회'에서 큰 논란이 되었습니다. 이 사업은 원래 47억 원의 예산으로 2008년에 시작해 2015년에 끝내도록 계획되었는데 재단 측에서 30억 원의 예산이 더 필요하다고 요청했기 때문에 국회에서 심의를 하게 된 것이죠.

특별위원회는 2015년 4월에 회의를 열고 역사지도 편찬사업의 책임자인 임기환 교수와 지도의 초안에 대한 검토의견을 진술할 이덕일 한가람역사문화연구소장을 같이 참석시켰습니다. 그 자리에서 이덕일 소장은 지도 초안의 문제점에 대해 한마디로 "철저하게 일제 식민사관과 중국 동북공정의 논리를 추종하고 있다"라고 비판했습니다.

세호: 동북공정의 논리에 따라 중국의 시진핑 주석이 미

국 트럼프 전 대통령에게 고대 한국이 중국의 일부였다고 망언을 한 데 대해서는 앞의 모임에서 논한 바 있는데, 우리가 또 경계해야 할 인물은 식민사관에 입각해 일본이 과거에 저지른 끔찍한 범죄 행위들을 철저하게 부정한 아베 전 총리로, 그는 시진핑과 크게 다르지 않은 사람이에요. 그의 역사 인식을 보면 우리 국민들이 큰 분노를 느끼게 되는 경우가 많은데, 대표적인 것이 일제강점기에 위안부로 강제 동원되었던 할머니들에 관한 것이라 할 수 있죠.

윤아: 위안부 할머니들에 대한 아베 전 총리와 같은 극우파 사람들의 태도를 보면 도저히 용납할 수 없는 심정이에요. 그 할머니들이 꽃다운 나이에 일본군에 강제로 끌려가 성적 노리개가 되었던 엄연한 사실을 어떻게 인간의 탈을 쓰고 부정할 수 있죠?

정연: 저도 그 문제만큼은 일본인들이 진실한 태도로 사죄해야 한다고 확신하고 있어요. 그런데 너무나 한심한 일이 몇 년 전에 이 땅에서 벌어졌으니, 바로 '위안부는 일본군과 동지적 관계'였다는 끔찍한 주장을 하는 사람이 있었다는 거예요. 박유하라는 교수의 이러한 주장에 심지어 사

회의 다른 지도층 인사들까지 동조하고 있다니 뭔가 크게 잘못되었다는 생각을 지울 수가 없어요.

또 2020년에는 미국 하버드 대학의 마크 램지어라는 교수가 위안부들은 강제로 동원된 것이 아니라 계약에 따라 자발적으로 매춘을 한 것이라는 충격적인 발표를 해 전 세계적인 지탄을 받았는데, 전적으로 일본의 자금 지원을 받고 거짓 논문을 쓴 이런 사람을 어찌 교수라고 할 수 있나요?

연아: 저도 여성으로서 이 문제에 대해 생각해본 적이 있어요. 진실은 너무나도 명백한데, 사회에서 어른들은 그런 문제를 순수하게 말하지 않고 국수주의나 다른 이상한 생각을 가지고 행동하는 것 같아요. 하지만 미테구에 설치된 소녀상을 철거하라는 일본 정부의 강력한 항의에도 불구하고 이를 그대로 유지하고 있는 독일의 경우처럼 앞으로 위안부 문제는 전 세계적으로 비판을 피할 수 없을 것이라고 확신해요.

규현: 그런 국수주의자들은 일본이나 중국의 스파이와 같은 역할을 하는 동북아역사재단 사람들과 비슷한 사람으

로 볼 수밖에 없다고 생각해요. 추측이기는 하지만 일본은 돈이 워낙 많은 나라니까 우리나라 사람들을 매수할 가능성도 있지 않을까요? 더구나 이 나라가 아직도 친일파들이 큰 영향력을 행사하는 사회인 점을 감안하면 더욱 그렇고요.

영애: 친일파 이야기를 했는데, 동북아역사지도에서 이 하나만 보더라도 이것이 친일파가 작성한 지도라는 점이 너무나 명백해져요. 아니 친일파라기보다는 일본의 극우파가 그린 지도라 하면 더 맞을 거예요. 그건 바로 그 지도들에 고대로부터 지금까지 일관되게 독도가 우리 영토에서 빠져 있다는 사실이에요.

지도 편찬 사업에는 60명이 넘는 학자들이 참여했는데 그 사람들이 그린 지도에 한결같이 독도가 빠져 있는 것은 왜일까요? 독도가 우리 영토가 아니라 일본의 영토였고 지금도 일본의 것이라는 말을 하고 싶은 것 아니겠어요? 이런 매국적인 학자들에게 국민의 혈세 수백억 원이 지원되고 있다는 게 너무 참담할 뿐이에요.

보미: 너무 화가 나네요. 독도가 우리 땅이라는 것은 대한민국 국민이라면 누구나 아는 상식인데, 그들의 행태는

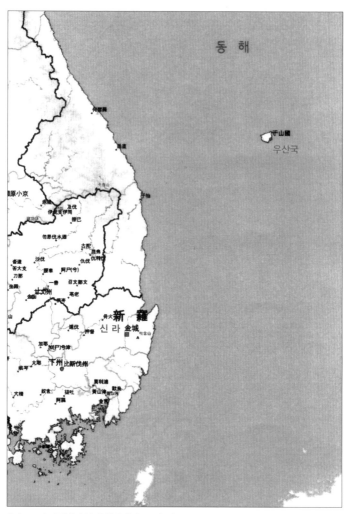

〈지도 10〉 동북아역사재단에서 그린 지도

울릉도만 표기하고 독도는 누락시켰다. 실수가 아니라 의도적이다.

일본의 침략주의적 사관에 따라 독도를 일본에 넘겨주려는 의도가 틀림없는 것 같네요. 〈독도는 우리 땅〉이라는 잘 알려진 노래에 나오듯이 독도는 신라 장군 이사부가 울릉도와 함께 신라에 편입시킨 것이잖아요?

윤아: 그 노래는 저도 잘 알고 있어요. 그런데 일본은 역사적으로 독도를 가졌던 일이 없다고 알고 있는데 왜 자기네 땅이었던 것처럼 문제를 일으키는지 도무지 이해할 수가 없어요.

규현: 일본이 우리를 강점했던 시절을 그리워하는 극우파 세력들이 한국에서 무엇이라도 다시 빼앗아가고 싶은 심정에서 그런 억지를 부리는 것이라고 볼 수 있겠죠. 그들은 일제강점기에 만주철도 부설권을 얻기 위해 압록강과 두만강 이북의 우리 땅, 즉 간도를 중국에 넘겨주기도 한 자들입니다. 이런 중요한 내용이 교과서에도 전혀 언급되어 있지 않은데, 이 역시 간도 땅이 고대로부터 우리의 것이 아니었다는 식민사관에 따른 것이죠.

준호: 동북아역사지도에 관해 국회에서 검토했을 때 이

덕일 소장의 비판에 대해 편찬 책임자는 어떻게 대응했는지, 또 참석했던 국회의원들의 반응은 어떠했는지 매우 궁금합니다.

황 소장: 그때 나도 참관했었기 때문에 잘 알고 있어요. 당시 이덕일 소장이 제기한 근본적인 문제는 동북아역사지도가 중국에서 나온 담기양의 『중국역사지도집』을 거의 통째로 베꼈다는 것이었는데, 이는 우리의 주체적 입장이 거의 없이 중화사관의 왜곡에 따라 우리 고대사의 강역을 한반도 안으로 제한해버렸다는 의미예요. 수십 장의 지도 대부분이 중국에서 만든 것과 거의 같으니 책임자라고 무슨 뾰족한 답변을 할 수 있었겠어요? 임기환 교수는 학자들끼리 충분히 논의해 작성했다고 우물쭈물했지만, 시원한 대답이 될 수 없었음은 물론 국회의원들의 공감도 전혀 얻을 수가 없었죠.

나아가 임 교수는 각 시대의 세부적인 지리와 경계에 대한 이 소장의 추궁에 대해서도 명확한 사료적 근거를 대지못하고 '학계의 정설' 또는 '편찬 학자들의 토론 결과'라는 말만 되풀이했어요. 매국사학자들에게만 통용되는 정해진 틀 안에서 벗어날 수 없다는 고백인 것이죠.

그들의 이런 의도가 또 한 번 그대로 드러난 것이 이상일 의원이 날카로운 질문을 던졌을 때였어요. 편찬위원들의 회의 내용 중에 '고조선의 특수성을 약화시키자'라는 방침이 있는데 이게 무슨 소리냐고 이 의원이 따지자 임 교수는 아시아 전체 차원에서 고조선을 봐야 한다는 등 둘러댔지만, 그들이 고수해야 하는 결론은 고조선이 2천 년을 면면히 이어온 선진 강대국이 아니라 평안도 지역의 약소국이라는 사실이었어요. 나는 그때 그들이 분명 매국노들이지만 한편으로 연민의 정도 살짝 들어 혼란스러웠어요. 저들은 나라에 애국은 못 할망정 왜 민족 반역적인 매국사학을 할 수밖에 없는 한심한 처지가 되고 말았을까 하는 생각이 든 것이죠. 국회의원들의 반응과 결론에 대해서는 영애 학생이 설명해주면 좋겠어요.

영애: 저는 국회 논의 과정을 녹화된 자료와 이덕일 소장님의 『매국의 역사학, 어디까지 왔나』를 통해 보았어요. 그날 여·야당 간사를 포함해 열일곱 명의 국회의원이 참석했는데, 한결같이 이덕일 소장의 비판에 공감하는 분위기였고, 지도의 문제점에 대해 날카로운 질문을 던지기도 해 임기환 교수를 궁지로 몰았어요. 예를 들면 특별위원회 위원

장인 김세연 의원은 고조선의 건국 연대에 대해 이렇게 지적했어요.

"고조선의 건국 연대를 국사편찬위원회도 공식적으로 서기전 2333년으로 보고 있고,『동국통감』,『제왕운기』등에도 고조선의 건국 시점이 명확히 정립되어 있는데도 발간 예정인 3백 개의 도엽에는 이 부분이 들어 있지 않습니다. 즉 서기전 1000년부터 281년이 최초 연대 구분으로 들어갑니다. 이게 무슨 뜻이냐면 동북아역사재단에서 우리 국사에 확립되어 있는 고조선 건국 기원의 앞부분인 1,300년을 잘라먹은 겁니다. 어떻게 이런 일이 있을 수 있는지……."

그러자 임기환 교수는 이렇게 변명했어요.

"고조선 건국 2333년 기년과 관련해서 저희 지도에 반영하는 문제는 이미 검토가 되어 있습니다. 이 지도 앞에 청동기시대의 유적 분포 지도가 들어갈 예정입니다. 청동기시대 자료 정리가 조금 미비한 부분이 있어 현재 지도로 제공해 드리지 못했습니다."

이에 대해 이덕일 소장은 책에서 이렇게 비판했어요.

"8년 동안 무엇을 했기에 지금껏 고조선 건국 사실도 지도에 반영하지 못했단 말인가? 자그마치 13차례나 1박 2일로 개최했다는 자문회의에서는 무엇을 하고 있다가 지금 국회의원의 지적을 받고 나서야 이미 검토한 상황이라고 변명한단 말인가?"

이런 정황만으로도 그들이 만들려던 지도가 반민족적인 것이라는 사실은 충분히 알 수 있을 것이라 생각해요.

지민: 정말 너무하네요. 그들은 이 나라의 역사와 강토를 외국에 팔아넘기는 데 혈안이 된 매국노들 아닙니까? 교과서에서도 고조선은 서기전 2333년에 건국되었다고 되어 있는데, 이런 사실조차 인정하지 않고 지도에 표시하지 않다니 도대체 이런 지도를 누구를 위해 만든다는 말입니까?

연아: 고조선의 특수성을 약화하고 건국 연대까지 1,300년이나 잘라내는 한심한 사람들 손에 수십억 원의 혈세를 맡기다니, 이것이 진정 선진국에 이르렀다는 대한민국의 위상인가요? 이게 고양이에게 생선 가게를 맡긴 것과 무엇이 다른가요? 이런 현실이 너무 실망스럽습니다.

규현: 이런 매국적 학자들이 더 이상 그런 지도를 만들지 못하도록 즉각 강력한 조치가 이루어져야 하는 것 아닌가요? 아니 근본적으로 매국 행위를 하는 자들은 먼저 처벌을

받아야 하는 것 아닌가요? 국회에서는 그 후 어떤 조치를 했는지 매우 궁금합니다.

황 소장: 규현 학생의 말이 맞아요. 그러나 그 사람들을 처벌하려면 사법적 절차를 밟아야 하는데 안타깝게도 아직 그런 여건이 갖추어지지 못했다고나 할까? 우리 같은 어른들이 못난 탓이겠죠. 불행 중 다행이라면 국회에서 그 후 동북아역사지도 사업을 중단시켜 그들이 타내려던 추가 예산을 주지 않았음은 물론이고, 그들이 이미 써버린 예산 중 10억 원을 물어내라고 결정했다는 것이죠.

정연: 그나마 다행이라고 해야겠네요. 하지만 그 사업이 잘못이고 일본이나 중국의 편에 서서 한 것이라면 쓴 돈 모두, 아니면 징벌의 의미로 쓴 돈의 두 배라도 물어내게 해야 분이 풀릴 것 같아요.

준호: 아마도 우리 모두 정연이의 울분에 공감할 거야. 그런데 소장님, 국회 예산 심의 과정에서 이런 중대한 문제가 우연히 발견되어 다행이기는 하지만, 역사서 편찬과 교과서 제작은 원래 교육부에서 담당하고 있는데 광복 이후

교육부에서는 대체 무엇을 해왔는지 너무나 한심합니다. 그리고 국회에서 이런 문제가 터졌으면 교육부에서 산하 기관인 동북아역사재단에 대해 감사를 통해 징계 조치를 하거나, 나아가 근본적으로 매국사학을 뿌리 뽑는 일에 착수해야 하는 것 아닌가요?

황 소장: 맞는 말이에요. 교육부에서 진작 했어야 할 일을 70년이 넘도록 직무 유기한 셈이죠. 그렇지만 이병도 같은 매국사학의 원흉이 교육부 장관도 지낸 나라이니 무엇을 기대할 수 있었겠어요? 이런 일이 지속되고 있는 데는 언론도 큰 책임이 있어요. 만약 주요 언론이 이런 일을 제대로 다루었다면 교육부 장관들이 직무 유기를 할 수 있었을까요? 동북아역사재단의 지도 사업만 하더라도 수십억 원의 국고를 낭비해 국회에서 제동이 걸린 중요한 문제인데, 언론에서 전혀 보도하지 않고 있어요.

영수: 지도 편찬 사업에 대해서는 대략 알았으니 이제 동북아역사재단의 다른 매국적 사업에 대해 알아보기로 할까요?

준호: 제가 설명하겠습니다. 지도 편찬 사업 이전에 한국 고대사를 체계적으로 정리해 해외에 알린다는 목적으로 2007년부터 2013년까지 미국 하버드 대학 한국학연구소라는 곳에 10억 원의 예산을 지원해 여섯 권의 책을 영문으로 발간한 일이 있었어요. 말할 것도 없이 그 책들은 철저하게 식민사학을 추종한 것으로, 해외에 우리의 일그러진 역사를 전파하려는 의도였죠.

여섯 권의 책 중에서 오늘은 두 가지만 언급하려고 하는데, 하나는 『고대 한국사의 한나라 영지들(The Han Commanderies in Early Korean History)』이라는 책으로 한사군에 관한 것이고, 다음은 『가야의 역사적·고고학적 재발견(The Rediscovery of Kaya in History and Archaeology)』으로 가야의 역사를 정리한 거예요. 그런데 우리 고대사를 정리한다면 2천 년 고조선의 역사가 첫 권이 되어야 하는데도 여섯 권의 책 중에 고조선은 보이지도 않으니 그 나머지 책들도 식민사학 일색인 것을 증명하는 셈이죠. 두 책에 대한 설명은 두 대학생 선배님들이 각각 해주시겠어요?

세호: 내가 먼저 할게요. 『고대 한국사의 한나라 영지들』이라는 책은 중국 한나라의 무제가 서기전 108년에 위만조

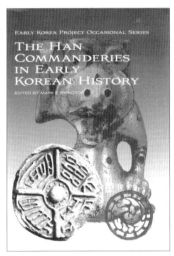

『고대 한국사의 한나라 영지들』 표지

선이라는 나라를 침략해 항복을 받고, 그 땅에 사군을 두어
다스렸다는 이른바 한사군에 관한 거예요. 위만조선은 고조
선의 가장 서쪽에 있던 제후국으로 지금의 북경 부근에 있
었는데, 이 나라는 원래 중국에서 고조선으로 망명 온 위만
이라는 사람이 중국과의 서쪽 변방 지역에 대한 수비를 책
임지다가 그곳의 제후국을 빼앗아 왕 노릇을 하면서 나라
이름이 위만조선이 된 것이었어요. 물론 고조선은 위만조선
의 동쪽인 만주 지역에 엄연히 존재하고 있었죠. 그런데도
국사 교과서에서는 위만이 고조선 자체를 빼앗아 왕이 된
것으로 크게 잘못 가르치고 있어요.

지민: 저희는 위만이 고조선 땅에 온 후에 이를 전부 빼앗은 것으로 배웠는데, 그게 아니라 위만조선이란 고조선의 서쪽 끝에 있던 작은 나라였다는 말이군요. 그렇다면 옛 조선이 엄연히 존재하는데 왜 위만의 나라를 조선이라고 부르는 거죠?

세호: 위만조선이라는 호칭은 우리 역사서에서 나온 것이 아니라 사마천의 『사기』에서 위만이 조선 왕을 쫓아내고 왕이 된 것처럼 기록한 데서 비롯된 이름이에요. 그런데 그 책을 보면 위만조선의 동쪽에 진국이 있었다고 하는데, 이것이 고조선을 말한 것으로, 조선이 중간에 나라 이름을 바꾼 것이죠. 그런데 우리 기록에는 바꾼 나라 이름이 진국이 아니라 대부여라고 되어 있어 혼선이 빚어지고 있어요.

위만조선 이야기로 돌아오면, 위만의 손자 우거왕 때 한나라가 전쟁을 일으켜 1년 남짓 만에 위만조선의 항복을 받아내고 그 땅에 사군을 두어 다스렸다고 해요. 이곳은 북경에서 천진에 이르는 넓지 않은 지역이었지만 우리 민족으로서는 치욕적인 일이었죠. 그런데 이런 치욕적인 일에 대한 내용을 한국 고대사 여섯 권 중 한 권으로 낸 것이죠.

그런데 한사군의 실체를 알고 보면 그리 대단한 것이 아니에요. 진번과 임둔은 설치한 지 오래지 않아 우리가 되찾았기 때문에 현토와 낙랑의 2군만 남아 4백 년을 유지했다고 해요. 그러나 현토는 3개 현만 가진 조그만 군이었고, 낙랑은 처음에는 25개 현을 가진 제법 큰 군이었지만 나중에는 6개 현만 남았는데, 이는 고구려가 건국 초기부터 이들과 항쟁해 대부분 되찾았기 때문이죠.

준호: 세호 형의 설명을 듣고 보니 한사군이라는 것은 위만조선의 작은 땅을 한나라에서 일시 지배한 것에 불과한데, 이런 사실을 한 권의 책으로 낸다는 것 자체가 우습군요.

연아: 우리가 근대에 일본에게 나라를 통째로 빼앗긴 아픈 역사가 있었던 것에 비하면 고대의 한사군이라는 것은 아무것도 아닌데도 매국사학자들은 고조선이 망해 통째로 중국의 지배를 받은 것처럼 강조하고 있다니 기가 막히네요.

규현: 그 한사군이라는 것이 북경 지역에 있었다고 하셨는데 매국사학자들은 무슨 근거로 북한 지역에 있었다고

주장하나요?

황 소장: 그들의 주장은 언제나 근거가 없고 조선총독부에서 날조한 결론을 우기는 것뿐이에요. 이 사람들은 일제의 꼭두각시에 불과한 것이죠. 한 가지만 예를 들면 세호 학생이 이야기했듯이 『사기』라는 책에서는 위만이 중국과 고조선의 경계인 패수라는 강을 동쪽으로 건너와서 그 서쪽의 중국을 수비하는 임무를 맡았다고 했어요. 이것은 패수가 남북으로 흐르는 강이기 때문에 가능한 것으로, 지금 북경에서 천진으로 흐르는 조하라는 강이 있는데 이것을 패수로 보면 이야기가 맞아떨어져요.

그런데 매국사학에서는 이 패수가 한반도의 압록강, 청천강 또는 대동강이라고 주장하는데, 이 강들은 여러분도 다 알다시피 남북으로 흐르지 않고 동서로 흘러요. 이 강들이 만약 패수였다면 위만이 고조선으로 올 때 동쪽으로 건널 것이 아니라 남쪽으로 건너야 한다는 뜻이죠. 그리고 위만이 서쪽의 중국에 대비해 수비를 맡았다고 했는데, 만약 북한 지역이 고조선이었다면 그 서쪽은 서해 바다이므로 이역시 말이 되지 않죠.

이와 같이 그들의 주장은 역사 기록을 무시한 제멋대로

식의 거짓말인데, 문헌의 근거를 모른 척하다 보니 고고학적 근거로서 유물과 유적을 가지고 우기고 있어요. 무슨 말이냐 하면 지금의 대동강 부근에서 낙랑군 시대의 많은 유물과 유적이 나왔기 때문에 대동강 일대와 평양 지역이 옛 낙랑군이 틀림없다는 것이죠. 그러나 이것도 알고 보면 모두 거짓이에요.

일제강점기에 대동강 유역에서 수많은 유물, 유적을 찾아낸 세키노 다다시라는 일본의 고고학자가 있었어요. 그가 가는 곳마다 낙랑의 유물이 쏟아져 그를 '신의 손'이라고까지 불렀죠. 그런데 그가 중국 북경의 골동품 가게에서 사들인 낙랑 유물들을 조선총독부에 보냈고, 총독부에서 대동강 유역에 갖다 놓은 것을 자신이 찾아낸 것처럼 어이없는 쇼를 했다는 사실이 드러나고 말았어요.

이것은 누가 폭로한 것도 아니고 세키노 다다시 자신이 일기에 북경에서 낙랑군 시대의 유물을 다수 사들였다고 써놓은 것이 결정적 증거가 된 것이었죠. 역사의 조작은 그렇게 쉬운 일이 아니며 거짓은 언젠가는 드러나기 마련이라는 것을 보여주는 좋은 사례가 된 것이죠.

규현: 참으로 놀랍고도 유치한 사기극이군요. 일본인들

은 당시 그렇게 해서라도 우리 역사를 날조할 필요가 있었 겠지만, 지금 우리 학자라는 사람들이 계속 그런 주장을 앵 무새처럼 되풀이하고 있다니 너무 슬프군요. 진실은 언젠 가 밝혀진다는 자명한 진리를 너무 가볍게 보고 있는 것 같 아요.

보미: 일본인들이 한 짓은 매우 차원이 낮은 것으로 당 시 일본 제국주의의 수준을 그대로 보여주는 것 같아요. 아 무튼 이런 일본인들의 얄팍하고 유치한 장난을 좇아 국사 시간에 그대로 가르치게 만드는 이 나라의 매국사학자들은 하루빨리 학계에서 물러나고 자기들이 지은 죄에 상응하는 처벌을 받으면 좋겠어요.

정연: 세키노 다다시라는 사람이 낙랑 유물을 사들인 곳 이 다른 지역이 아닌 북경이라는 사실이 흥미로워요. 세호 오빠가 설명했듯이 낙랑군 등은 북경 근처에 있었기 때문 에 북경의 골동품점에 낙랑 유물이 많이 있었다는 거잖아 요?

영애: 최근에 세키노 다다시의 일기에 의해 평양 지역의

낙랑 유물이 가짜라는 것이 명백해졌지만, 일제강점기에 이미 정인보 선생은 낙랑 유물이라는 것이 전한시대의 것은 없고 그 뒤 후한시대의 것이 대부분이라서 가짜라고 비판했어요. 그리고 북한의 학자들이 낙랑의 무덤 수천 개를 발굴해 조사한 결과 그것은 낙랑 유적이 아니라 고조선의 유적이라고 결론을 내리기도 했죠. 매국사학자들은 평양에 가본 적도 없고 그 유물들을 본 적도 없으면서 북한 학자들의 결론은 무시하고 세키노 다다시 같은 일제 식민사학자의 엉터리 주장만 반복하고 있는 거예요.

연아: 매국사학자들은 처음부터 끝까지 학문이라고는 할 수 없는 일방적인 헛소리만을 해댄다는 사실을 뼈저리게 느꼈어요. 이런 상황에서도 국사 교육을 계속 받아야 하는 건지 모르겠어요. 하루빨리 올바른 역사를 배울 수 있기를 손꼽아 기대합니다. 그러기 위해서는 민족사학자들의 노력에 보탬이 되도록 우리도 친구들에게 이런 사실을 열심히 알려야 할 것 같아요.

영수: 연아의 이야기가 마음에 와 닿네요. 우리 역사랑에서 친구들과 부모님들에게 이런 한심한 현실을 힘닿는 대

로 알리는 일이 매우 중요하다고 생각해요. 촛불혁명과 같은 일은 많은 시민이 호응해서 가능했던 것인데, 사실 그중에는 학생들도 많았거든요.

준호: 우리나라는 학생운동의 전통이 뿌리 깊다고 할 수 있어요. 3·1혁명에 전국의 학생들이 동참했고, 4·19혁명은 학생들이 주도했으며, 군사 정권에 대한 끊임없는 대학생들의 투쟁도 대단한 것이었죠. 이제 우리 역사랑도 올바른 역사를 위해 나서야 할 때가 온 것 같아요.

윤아: 우리는 비록 중학생의 어린 나이지만 국사 교육이 잘못되어 있다는 사실을 널리 알리는 일은 얼마든지 할 수 있어요. 지금처럼 정보의 소통이 빠른 시대에 우리가 열심히 노력하면 대한민국의 많은 학생과 부모님들이 이런 일을 아는 데 그리 오래 걸리지 않을 거예요.

세호: 전적으로 동의해요. 우리가 아는 사람들에게 매국사학의 실상을 전하고 또 그들에게도 주변 사람들에게 전해주기를 호소한다면 이 일은 아주 좋은 결과를 가져올 수 있을 것이라 믿어요. 우리 다 같이 동참하기로 해요.

영수: 그런 생각만으로도 왠지 흥분되네요. 지금까지 한 사군 이야기를 했고, 이제 영애 누나께서 『가야의 역사적·고고학적 재발견』이라는 책의 문제점을 짚어주실 차례예요.

영애: 많은 사람이 삼국은 잘 알아도 같은 시대에 5백 년이나 지속했던 가야에 대해서는 거의 모르고 있어요. 그 5백 년간은 삼국시대가 아니라 정확하게는 사국시대가 되는데도 『사국사기』가 아닌 『삼국사기』만 전해오기 때문이라 할 수 있죠. 그런데 『가야의 역사적·고고학적 재발견』이라는 책은 제목만 그럴싸할 뿐, 사실은 가야가 아닌 '임나'라는 나라의 역사를 식민사학의 입장에서 정리해놓은 것에 불과해요.

임나는 가야의 백성들이 일본에 진출해 세운 작은 나라였어요. 임나는 지금의 대마도에 있었다고 보이는데, 그 작은 섬 안에 임나는 물론이고 신라, 백제, 고구려도 함께 있었죠. 모두 우리 민족이 진출해서 고국의 이름을 따서 붙인 이름이었어요.

이 임나는 우리 역사서가 아닌 일본의 역사서 『일본서기』에 나오니 일본에 속한 나라로 보는 것이 당연해요. 그런데 중요한 문제는 일본인들이 이 임나를 우리의 가야라 하고,

같이 나오는 신라 등 삼국도 본국인 신라 등 삼국으로 조작했다는 점이에요. 그리고 이 임나를 일본이 정복해 4~6세기 2백 년간 임나일본부라는 기관을 두어 다스렸는데, 이것이 근대의 조선총독부와 같은 통치 조직이었다고 조작하고 있다는 거예요.

일본이 이렇게 조작한 의도는 고대에 우리 민족을 북쪽에서는 한나라가 식민 지배하고 남쪽에서는 일본이 지배한 역사가 있기 때문에 근대에 일본이 한국을 다스린 것은 자연스러운 일이라는 논리를 만들기 위한 것이라 할 수 있죠.

규현: 임나에 대해서는 잘 몰랐는데, 일본에서 가야를 임나로 조작해 그들이 지배했다고 주장하고 있다니 정말 어이가 없네요. 그러면 일본에 있었다는 임나와 우리의 가야는 어떤 점에서 확실하게 구별이 되는 건가요?

황 소장: 임나가 가야와는 완전히 다른 나라라는 것은 너무나 명백해요. 우선 임나는 한자어를 우리 식으로 읽은 것인데,『일본서기』에서는 '미마나'라고 부르고 있어요. 이것만 보아도 미마나는 일본에 속한 나라지 우리 민족의 나라가 아니라는 점을 알 수 있어요.

그렇기 때문에 임나 사람의 이름도 우리 식의 김 아무개가 아니라 전형적인 일본 사람 이름이죠. 즉 소나가시치라든가 쓰누가아라시토 같은 이름인데, 누가 보아도 이 사람들이 일본 사람이지 가야 사람이 아닌 것은 설명할 필요도 없을 거예요. 또 임나 왕의 이름을 보면 아라사등이 나오는데, 우리가 아는 가야의 왕은 시조 김수로왕을 비롯해 모두 김씨잖아요?

이런 너무나 명백한 사실에도 불구하고 한국의 가야사 학자들은 한결같이 임나가 가야였다고 속이고 있으니 양심을 팔아먹은 자들이 아니면 할 수 없는 짓이죠. 문재인 전 대통령이 취임 직후 가야사를 복원해야 한다는 소신을 밝힌 적이 있었는데, 진정한 학자들이라면 쌍수를 들어 환영해야 할 일이건만 학계에서는 이에 대해 이렇다 할 반응을 보이지 않았어요. 새로 집권한 정권에게 자기들의 거짓 학문이 드러날까 두려워 몸을 사린 것이겠죠.

보미: 임나를 가야로 둔갑시킨 엉터리 학자들은 모두 일본이 고대에 가야를 지배했다고 말하겠네요?

황 소장: 임나가 가야라고 주장하는 매국적 학자들도 이

문제만큼은 명확하게 일본이 가야를 지배했다고 말하지는 못하고 있어요. 고대에 일본이 우리를 지배한 적이 없다는 사실은 모두가 알고 있을 뿐만 아니라, 근대에 일본이 우리를 식민 지배하면서 너무나 악랄하게 우리 민족을 노예 취급했기 때문에 한국인의 일본에 대한 감정이 지극히 나빠, 그들도 임나일본부 문제만은 명확하게 입장을 밝히지 않고 어물쩍 넘어가고 있는 편이죠.

지민: 참으로 비겁한 자들이군요. 그런데 임나일본부설에 대해 소장님께서는 『임나일본부는 없었다』라는 책에서 낱낱이 비판하셨잖아요? 그 책을 쓰신 특별한 동기가 무엇이었는지 이야기해주시면 좋겠어요.

황 소장: 지난번에도 이야기했지만, 고려대 김현구 교수라는 사람이 임나일본부에 대해 몇 권의 책을 냈는데, 이에 대해 이덕일 소장이 그를 식민사학자라고 비판한 일이 있어요. 김현구 교수가 이는 명예훼손이라며 이덕일 소장을 고소해 결국 법원에서 재판을 하게 되었죠.
나는 이 재판 과정을 지켜보면서 식민사학자가 양심적 민족사학자를 고소하는 적반하장 식의 행태에 분노를 금할

수 없었어요. 더구나 1심 재판에서 이덕일 소장에게 명예훼손으로 징역 6월에 집행유예 2년이라는 어이없는 판결이 나왔죠. 이것이 결정적 계기가 되어 임나일본부에 대해 본격적으로 연구해 그 책을 내게 되었어요. 그 책을 낸 덕분에 2심 재판에서는 내가 증인으로 법정에 서서 김현구 교수의 잘못을 아는 대로 진술했죠. 다행히도 2심 재판과 최종 3심에서는 이덕일 소장의 무죄가 선고되었죠.

윤아: 재판 결과가 좋게 나왔다니 다행한 일이지만 1심에서 유죄 판결이 났던 것은 이해하기 어렵네요. 어떻게 그런 일이 있을 수 있는지…… 이는 사법부에 대한 국민들의 신뢰에 큰 문제가 되는 것 아닌가요?

영수: 저도 어머니가 소장님의 연구소에 계시기 때문에 1심 판결에 대해 분노하시는 모습을 보았는데, 그런 판결이 난 것은 사법부가 사회의 양심을 지키는 역할에 충실하지 못한 것이라 생각했어요.

황 소장: 이번 일은 검찰의 기소 과정과 법원에서의 1심 선고 과정까지 매우 석연치 않았어요. 사건을 기소한 검사

는 동북아역사재단에 1년이나 파견된 적이 있었는데, 그때 역시 재단의 이사로 있던 김현구와 잘 알았기 때문에 학문적인 검토도 없이 사건을 법원에 기소한 것이었죠. 또 법원의 판사도 다른 사건에서 공정한 판결을 하지 않은 사례로 소문난 인물이었어요. 결국 이 사건은 짜인 각본대로 흘러간 것이나 마찬가지였으니 우리나라의 잘못된 현실을 그대로 노출하고 만 것이죠.

정연: 말도 안 되는 일들이 권력기관 내에 도사리고 있다는 현실이 저희로서는 받아들이기 어렵네요. 검사나 판사는 사회의 공정성을 지키는 표상이어야 할 텐데 말이에요.

영수: 지금까지 동북아역사재단의 두 가지 잘못된 사례에 대해 충분히 논의한 것 같습니다. 이제 동북아역사재단의 숨겨진 이야기를 소장님께서 소개해주시겠어요?

황 소장: 한두 가지 일화를 들려줄게요. 동북아역사지도 사업으로 문제가 생기자 재단에서 매국사학자들과 민족사학자들을 같이 초청해서 중국의 요서 지역에 대한 현지답사 겸 토론회를 갖도록 했어요. 민족사학자 측에서는 이덕

일 소장과 내가 참석했죠. 당시 재단의 이사장은 부임한 지 얼마 되지 않았고, 역사 전문가가 아닌 행정가였어요. 답사 마지막 날 이사장이 독도가 역사지도에서 빠진 것과 관련해 이 소장과 나에게 실토한 일이 있었어요.

자기가 재단의 연구원들에게 편찬 책임자로부터 독도를 그린 지도를 받아내라고 여러 번 독촉했지만 요지부동이었다는 거예요. 그래서 너무 화가 나 결국 욕을 하고 말았다는 것이죠.

"야, 이 개××들아, 독도에 점이라도 찍어야 될 것 아니냐! 내가 알기로도 독도는 예부터 우리 영토였는데 왜 독도를 그려 넣지 않는다는 거야!"

지도를 만드는 학자라는 사람들이 독도는 우리 영토가 아니었다고 고집을 피우고 있으니 이사장도 어쩔 수 없었던 것이죠. 이사장이면 역사지도 사업을 학자라는 사람들에게 맡긴 기관의 장이지만, 매국사학자들에게는 별 볼 일 없는 외부인에 불과한 것이었죠.

준호: 매국사학자들의 집단적인 행동은 소름이 끼치도록 무섭군요. 그들은 마피아 같은 불법 조직폭력 집단과 너무나 닮은 것 같아요. 학자라고 하는 사람들이 어떻게 그럴 수

있을까요? 조직의 정해진 틀 안에서 조금도 벗어날 수 없다는 거잖아요?

정연: 범죄 조직의 지령에 무조건 복종하고 그것으로 밥 벌어 먹는 악랄하고 반민족적인 존재들인 것 같아요. 이 시대에도 그런 매국노들이 판을 치고 있다니 치가 떨리네요.

지민: 매국사학자들의 조직폭력 집단 같은 행동은 한편으로는 울분이 치솟지만 한편으로는 가여운 군상들이라는 생각도 드네요. 어쩌다가 민족을 배반하는 잘못된 길로 들어서게 된 것인지…….

규현: 그런 값싼 동정심은 우리 모두가 경계해야 할 것 같아요. 그런 매국노들은 중형으로 다스려야 하는데도 아직까지 이 나라에서 버젓이 활개치고 있다는 사실은 대한민국이 아직 그 이름에 걸맞은 위상을 세우지 못했다는 증거 아니겠어요? 우리가 이 사회의 주역이 되는 날 이런 일을 제대로 심판할 올바른 나라를 만들어야 할 것이라고 생각해요.

연아: 저는 역사랑 모임을 가지면서 너무나 충격적인 일들을 많이 알게 되어 갈피를 못 잡겠어요. 다만 분명한 것 하나는 우리가 이대로 국사 수업을 받을 수는 없다는 거예요. 그렇다고 국사 수업 거부운동을 벌일 수도 없고…….

세호: 학생으로서 그런 운동을 하는 것은 여러 가지 면에서 바람직하지 않으니 우리의 친구들에게 광범위하게 알리는 일에 주력하면 좋은 결과를 얻을 수 있을 것이라고 생각해요. 민주주의 사회에서는 많은 사람이 공감하면 그것이 사회를 바꾸는 힘이 되니까요.

영애: 저 역시 우리가 알게 된 사실을 열심히 친구들에게 알리고 또 그 친구들이 같은 행동을 한다면 그것을 알게 되는 학생들이 기하급수적으로 늘어나면서 어느 시점이 되면 이 사회를 바꿀 수 있는 폭발력을 갖게 될 것이라고 확신해요.

황 소장: 지금처럼 인터넷을 통해 정보가 빨리 전달되는 사회에서는 여러분의 작은 노력이 엄청난 결과를 가져올 수 있죠. 그러니까 거창하게 사회 변혁운동을 한다고 생각

하지 말고 각자의 작은 노력을 행동으로 옮기면 매국사학의 문제도 곧 해결될 것이라 믿어요.

다시 동북아역사재단 이야기로 돌아가봅시다. 이제 말하고자 하는 것은 이 재단의 해체를 요구하는 민족사학계의 움직임에 대한 거예요. 동북아역사재단이 설립 취지와는 반대로 반민족적 방향으로만 가고 있으니 아예 이 재단을 해체해야 한다는 공감대가 형성된 것이죠. 우리 연구소와 한가람역사문화연구소뿐만 아니라 '역사의병대'라는 재야의 조직이 해체를 요구하는 시위를 주도하고 있어요. 지금까지 동북아역사재단 앞에서 재단 해체를 요구하는 시위를 여러 차례 벌였죠. 그런데 문제는 언제나 그랬듯이 언론에서 이런 중요한 일을 외면하고 한 줄도 보도하지 않아 국민들이 이런 일을 전혀 모르고 있다는 거예요.

재단의 해체 요구가 본격화된 것은 사실 문재인 정부 들어서인데, 그 이유는 동북아역사재단의 이사장을 새로 임명할 때 올바른 역사관을 가진 인사를 임명하리라는 기대가 컸는데도 실제로는 옛날과 다름없는 인사가 이루어졌기 때문이었죠. 따라서 재야의 민족주의 연구소들에서는 역사의병대와 공동으로 동북아역사재단의 해체를 위한 대규모 대중 집회를 광화문 광장에서 여는 등 투쟁을 계속해왔지만 아직 그 뜻을 이루지는 못하고 있어요.

정연: 의병 이야기를 들으니 몇 년 전에 방영된 드라마 〈미스터 션샤인〉이 생각나요. 가상의 드라마지만 대한제국 말기 나라가 일제에 외교권을 빼앗기고 일본 군대의 횡포가 날로 심해지자 일본 군인들을 암살하고 기울어져 가는 나라를 구하려 했던 이름 없는 의병들을 그린 좋은 드라마였죠. 특히 대감 댁의 규수가 의병이 되어 총 쏘는 법을 익히고 애국 활동을 한 것이 너무나 인상적이었어요. 저도 그 지체 높은 아기씨의 투혼을 본받아 앞으로 역사 의병으로서, 대한민국의 원화로서 부끄럽지 않게 살아가려 합니다.

영애: 아주 좋은 생각이군요. 우리나라에서 의병의 전통은 매우 뿌리가 깊고, 나라가 외세의 침입에 시달릴 때마다 큰 역할을 해 나라를 위기에서 건져내곤 했어요. 대표적으로 임진왜란 때의 수많은 의병대장들의 이름이 전해오고 있잖아요? 정연이가 드라마 이야기를 했는데, 실제로 대한제국 말에도 수많은 의병들이 궐기해 일본군과 싸우다가 많은 희생을 치렀는데, 결국은 나라가 망해 그 빛을 보지 못한 것이 너무나 유감스럽네요.

준호: 우리나라의 경우 학생들도 그런 활동에 매우 적극적으로 가담해 3·1혁명이나 4·19혁명, 그리고 군사정권 시절 내내 반독재 투쟁 활동을 한 것은 세계적으로도 유례가 드문 일로 평가되고 있는 것으로 알고 있어요. 이런 끈질긴 전통은 화랑정신이 학생들에게 면면히 이어져왔기 때문이 아닐까 생각해요. 그런 면에서 우리 역사랑 회원들은 자부심을 가지고 우리 역사를 바로잡는 일에 앞장서야 할 것이라고 생각해요.

세호: 그런 이야기를 들으니까 대학생인 내가 부끄러워지는군요. 국사학과에서 배우는 내용이 매국사학 일색인데도 이것을 거부하거나 타파하기 위한 어떤 행동도 아직 하지 못하고 있는 것이 말이죠. 나도 앞으로 국사학과 학생들에게 잘못된 역사를 널리 알려 이를 하루빨리 바로잡을 수 있도록 적극적으로 움직이기로 마음먹었어요. 공자님 말씀에 '후생가외', 즉 '뒤에 배우는 후배를 두려워해야 한다'라는 말이 있는데, 여러분에게 많이 배워야겠다고 느끼게 되네요.

영수: 우리 역사랑 모임은 좋은 뜻으로 뭉쳐 앞으로 큰일

을 이룰 수 있을 것이라는 확신이 들어요. 그동안 여러분이 한 명도 빠짐없이 열성적으로 참여해준 것에 감사하며, 마지막으로 황 소장님의 말씀을 들어볼게요.

황 소장: 짧은 시간이었지만 여러분과 함께해서 너무 보람차고 즐거웠어요. 내 계획은 우리 모임이 오늘 완전히 끝나는 것이 아니라 역사에 관심이 있는 회원들을 새로 맞아들여 앞으로 더 발전해나갔으면 하는 거예요. 그때까지 모두 건강하고 우리 역사에 계속 애정을 가져주었으면 하는 것이 나의 남은 바람이에요. 그동안 잘 따라주고 공부하느라 수고 많았어요.

참고문헌

사료

『관자』, 『구당서』, 『규원사화』, 『남제서』, 『부도지』, 『사기』, 『산해경』, 『삼국
사기』, 『삼국유사』, 『삼국지』, 『삼성기』, 『서경』, 『설문』, 『송서』, 『수경』, 『시
경』, 『신당서』, 『위서』, 『일본서기』, 『자치통감』, 『진서』, 『태백일사』, 『한비
자』, 『후한서』

단행본, 논문

김현구, 『임나일본부설은 허구인가』, 창비, 2010.

부사년, 「이하동서설」, 『부사년전집』 제3권, 연경출판, 1980.

서량지, 『중국사전사화』, 화정서국, 1968.

신채호, 『조선상고사』, 단재신채호선생 기념사업회, 1992.

이덕일, 『우리 안의 식민사관』, 만권당, 2014.

이병도, 『한국 고대사 연구』, 한국학술정보, 2012.

임혜상, 『중국민족사』, 대만 상무인서관, 1996.

주학연, 문성재 역주, 『진시황은 몽골어를 하는 여진족이었다』, 우리역사연
　　구재단, 2009.

필장복, 『중국인종북래설』, 신문풍출판공사, 민국 75.

황순종, 『동북아 대륙에서 펼쳐진 우리 고대사』, 지식산업사, 2012.

———, 『매국사학의 18가지 거짓말』, 만권당, 2018.

———, 『식민사학의 감춰진 맨얼굴』, 만권당, 2014.

———, 『임나일본부는 없었다』, 만권당, 2016.

———, 『화랑 이야기』, 인문서원, 2017.

국사 수업이 싫어요

초판 1쇄 펴낸 날 2022. 11. 21.

지은이　　황순종
발행인　　양진호
책임편집　김진희
디자인　　김민정
발행처　　도서출판 |만권당|

등 록　　2013년 5월 21일(제2014-000039호)
주 소　　(07207) 서울시 영등포구 양평로21가길 19, 우림라이온스밸리
　　　　　B동 512호
전 화　　(02) 338-5951~2
팩 스　　(02) 338-5953
이메일　　mangwonbooks@hanmail.net

ISBN　　979-11-88992-19-5　(03910)

이 책은 재단법인 마음동행의 지원으로 제작되었습니다.

값은 뒤표지에 있습니다.
잘못 만들어진 책은 구입하신 서점에서 바꾸어 드립니다.